回眸岁月的痕迹

王海波 著

上海三联书店

目　录

历史篇

人物篇

故事篇

历史篇

读梁漱溟文章有感

凡是读过梁漱溟先生文章的人，对《中国民主同盟简史》(1941～1949)中蒋介石"以不能成立正式政党为条件，允许统一建国同志会取得合法活动的权利"的说法不能不表示怀疑。

1941年秋，梁先生在他创办的民盟机关报《光明报》上发表了《我努力的是什么》，对1939年11月29日，为统一建国同志会去见蒋介石的那一幕，描述得清清楚楚：

> 我见蒋公时，张岳军、王世杰两先生皆陪座。我说明本会成立动机，是受党派问题刺激，而以求大局好转自任。蒋先生屡次要我们说公道话，而不知道我们说话甚难。我们说一句批评到政府，则被人指为接近共产党或站在某一边了。我们说一句话指摘到共产党，又被人指为接近政府，或为国民党利用，仿佛我们就没有自己的立场，只能以人家的立场为立场，这是非常痛苦的，这样将全国人逼成两面相对，于大局不利的，即于政府不利。我们联合起来，就是在形成第三者的立场。我公既以说公道话相期勉，先要给我们说公道话的地位，

那就是许可我们有此一联合组织。

蒋先生没有留难即表示谅许，大约是先经研究决定了。只问我，参加的是哪些人，我大致数数，数到沈老先生（沈钧儒）和邹韬奋先生时，□□□□□□□□□□□□□□（此处天窗系当局新闻机构检扣。后来梁先生回忆说，当时蒋插话说，沈钧儒恐怕同你们不一致吧？）我答，以我所知他们两位并没有成见的；与其让他们在这一组织外面，还不如约在里面。蒋公点头，亦以为然。谈话大致即此为止。这是民国二十八年十一月二十九日。我出蒋邸，王世杰先生以车送我回青年会。在车中，他问我道："你们这是一政党了？"我答不是，这是当前问题的一种联合而已。当前问题有分裂内战的危险，我们誓本国民立场，坚决反对；"统一建国"的标题正此而来。

读了上述引文，诸位是不难得出答案的。那么，怎么到了《中国民主同盟简史》当中，却成了蒋介石"以不能成为正式政党为条件，允许统一建国同志会取得合法活动的权利"了呢？说来好笑，《中国民主同盟简史》的说法正是出自于梁先生本人，只要翻一翻八十年代出版的那本《梁漱溟问答录》就不难找到答案。

现今能够读到的有关民盟的书籍，资料不少出于梁先生晚年的回忆。俗话说好记性不如烂笔头。虽然我们不能苛求一位年过九旬的老翁，但我想，如果要引用民盟早期的资料，最好还是认真读一读梁老先生四十年代亲笔撰写的文章。

从罗隆基 1961 年回忆看盟史上的悬案(一)

标题中说的“罗隆基 1961 年的回忆”，指的是全国文史资料选辑第 20 辑中的“从参加旧政协到南京和谈的一些回忆”。那时距罗先生去世仅四年，与罗先生被子戴上右派帽子恰好也是四年。碰上别人，也许是“破帽遮颜”、“风烛残年”了，可罗先生不是那么一回事，或上饭馆，或设家宴，朋友虽说就那么几个，可边吃边聊，倒也洒脱。或许你会说这种洒脱中有几分沉重吧，可在“从参加旧政协到参加南京和谈的一些回忆”中却读不出半点沉重，文章结尾“石头城上，望天低吴楚，眼空无物，到如今只有蒋山‘倾’，秦淮‘碧’了”，写得尤其漂亮。

文字漂亮，真实性又如何呢？我们不妨引用一下此文的前言部分：

> 我是民主同盟一九四六年参加旧政协九个代表之一。这篇回忆是根据我在当年一月十日参加重庆旧政协直到十月底参加南京和谈这整段时间的经历所写的。由于我当时是以民盟的代表身份工作，所以回忆就从当时民盟的内幕真相写起，

但这是我个人的回忆，它绝对不是我代表民盟写的历史记录。……我一生没有养成写日记的习惯，当时保存的记录和文件，又已全部遗失，现在来写关于十五年前事件的回忆，自知不可避免地会有遗忘和错误，谨请读者原谅，并恭候指正。

读了这段话，你有何感想，大概不会把罗先生的回忆当作民盟历史吧？可有人偏不，在翻出他所能查阅的史料后，不无遗憾地宣布："如果不能发现新的更确凿的证据，这个悬案（1941 年 3 月十七人在重庆特园参加签名的民主政团同盟成立会——笔者注）也许成为盟史上的千古之谜。"更有人不假思索地将罗先生的回忆引入了诸如中共中央文献研究室编写的《周恩来传》这样的权威之作，以讹传讹，流传至今。

怎样解决这一问题呢，办法只有一个，就是回到罗先生的文章中去，找出这些悬案产生的原因。

先说说那个十七人在重庆参加签名的民主政团同盟的成立会吧。

1949 年 7 月 13 日，罗先生在《光明报》上发表了一篇题为"关于盟史的几点说明"，文中说："1941 年春季（确定日期已忘）参政会开会的时候，当时国共以外各小党派的负责人，始筹商组织政团同盟，……民主政团同盟成立会，是在重庆特园举行的，参加签名者共二十五人，绝大部分是国共两党以外的党派负责人，张澜先生外，尚有数人以个人身份参加。"诸位看清楚了，罗先生说的是 25 人，可到了 1961 年这二十五人却变成了十七人了。就凭这一点我们大可不必把这十七人参加签名的成立会看得那么"神圣"。那么罗先生的谬误又是如何产生的呢？原因有三：其一罗先生的记忆有误。正如他在1961年回忆的前言中所说的:“我一生没有养成写日记的习惯,当时保存的记录和文件,又已全部遗失,现在来写十五年前事件的回忆,自知不可避免地会有遗忘和错误。”其二梁漱溟先生1942年写过“中国民主政团同盟发起成立之经过略记”,其中有“约期某日(似为3月17日)同人全体齐集,在缮正之纲领后各自亲笔签名,以示决定”。这17日,天长日久,是否成为罗先生笔下的17人呢?其三罗先生1961年回忆文章中说,“开成立会那天,签名是依年龄为次序,张澜签第一名,我签末名”。看来这个签名会还真签过,但问题是罗先生把日期给弄错了,根据黄炎培先生的日记和梁漱溟先生1941年在香港《光明报》上连载的“我的努力是什么”,签名会确实有一个,时间是1941年2月24日,“众人以年龄为顺序”,在梁漱溟起草的给蒋介石的意见书上签名,头一个张澜,最后一个应该就是年龄最小的罗隆基,这与罗先生1949年《关于盟史的几点说明》中的说法相同,在给蒋介石的意见书上签名者除张澜外,尚有褚辅成、周士观等无党无派社会贤达,这也和罗先生“关于盟史的几点说明”中“除张澜,尚有数人以个人身份参加”相符。

讲了这么多,该回到标题中说的“悬案”了。悬案不悬,因为根本就没有。先是罗隆基先生因记忆有误,制造了这么一个悬案,后是他人以讹传讹,推波助澜,扩大了它的影响。不过,我还得“感谢”罗先生,给了我这么一个驱散迷雾,正本清源的机会。

从罗隆基1961年回忆看盟史上的悬案(二)

翻开《中国民主同盟六十年》,那里面写着:“由于国民党要员孙科等人坚决否认有民主政团同盟的存在,民主政团同盟中央常委经过研究,决定‘冒着被打击压迫的危险’,在重庆公开民主政团同盟组织。1941年11月16日,即国民参政会二届二次大会在重庆召开的前一天,民主政团同盟以主席张澜、总书记左舜生、组织部长章伯钧、宣传部长罗隆基四人的名义,在重庆俄国餐厅举行茶会,邀请国共两党代表和国民党参政员出席。”这个说法出自《从参加旧政协到参加南京和谈的一些回忆》,加引号的“冒着被打击压迫的危险”正是罗隆基文章中的原话。只是罗先生说的是“压迫打击”,《中国民主同盟六十年》在引用时将这两个词的顺序颠倒了。

为说明为何用4个人的名义召开这个会,罗先生写了不少文字,但和黄炎培日记一对照,毛病来了。一是这个会究竟是“茶会”还是午餐会,黄先生在日记中说:“午,张君劢、左舜生招餐临江路俄国餐厅”,这也罢了,不过是喝茶还是吃饭的小事。问题是会议的召集人是谁?黄炎培说是张君劢、左舜生,罗隆基却称是“民盟主席张澜、秘书长左舜生(当时应该是总书记,到1944年9月民盟全国代表会议后才改称秘书长——笔者注)、组织部长章伯钧、宣传部长罗隆基”。

民盟成立之初,究竟有没有“组织部长”、“宣传部长”? 在黄炎培日记和梁漱溟的文章中,你是找不到这两个称呼的。民盟真的有组织部长和宣传部长,是在 1978 举行的第四次全国代表大会以后,此前这两个位置的称呼应该是组织委员会主任和宣传委员会主任,那还是 1944 年 9 月民盟全国代表会议上产生的,距民盟成立已有三个多年头了。所以,我有理由怀疑罗隆基先生的说法,我认为民盟成立之初根本就没有什么“组织部长”和“宣传部长”。

那么,罗先生为何要杜撰这个“组织部长”和“宣传部长”呢? 我想到了储安平,他上个世纪四十年代在他创办的《观察》发表了一篇很有影响的文章,标题是《中国的政局》。文中说:“在今日民盟的领导人物中,适宜于实际政治生活者,恐怕只有罗先生(即罗隆基——笔者注)一人。罗氏中文英文都好,口才文笔都来得,有活动力,而且对政治生活真正有兴趣。可是罗氏的最大弱点是‘德不济才。’”罗先生的清华校友梁秋实亦有说法:“他在才学上,可以领导一个运动,他在品德上不易笼罩一个团体。”黄炎培先生对罗隆基亦有评价,1947 年 3 月 10 日,他在日记中写道:“此君有才无量,事不经过他,即非好事;文不出他手,必非佳文。”

话说到这个份上,诸位应该明白了,罗隆基之所以要杜撰这个宣传部长,目的只有一个,就是突出他自己。众所周知,民盟成立之初,中常委只有五人,黄炎培(中华职教社领导人)、左舜生(中国青年党领导人)、张君劢(国家社会党领导人)、梁漱溟(乡村建设派领导人)、章伯钧(中华民族解放运动委员会领导人),罗隆基本人当时虽是国社党的重要成员,但其地位无论如何是比不上张君劢的，于是罗先生便来了个偷梁换柱，隐去了张君劢，将原本由左舜生、张君劢召集的招待会演变成“以民盟主席张澜、秘书长（应为总书记——笔者注）左舜生、组织部长章伯钧、宣传部长罗隆基”四个人的名义召集的“茶会”了。

从罗隆基1961年回忆看盟史上的悬案(三)

我曾经写过一篇文章，题目叫做《张澜是何时接任民盟主席的》，对民盟中央文史委员会编的《中国民主同盟简史》中1941年10月“黄炎培正式辞去中央常务委员会主席的职务，由张澜继任”的说法表示怀疑。

2001年底，河北人民出版社出版了《中国民主党派史》丛书，其中的民盟卷，对张澜接任民盟主席的时间又有了新的说法：1941年9月19日，民盟中央在重庆特园召开了第二次会议，决定“接受黄炎培因任劝募公债委员会工作等原因辞去中国民主政团同盟主席职务的请求，并推举无党派人士张澜继任”。

这个说法出自《中国民主同盟重庆地区大事记》，是1988年由重庆民盟文史委员会编印的，我对此曾表示赞同，可读了梁漱溟1942年写的《中国民主政团同盟发起成立之经过略记》，却发现不是那么一回事。梁先生说他是1941年9月22日收到有关民盟中央委员会第二次会议决定信函的，但其中并没有黄炎培辞去民盟主席由张澜接任的内容。黄炎培决定辞职应该是在1941年10月5日。那天，他和梁漱溟有过一次“深谈”。据梁先生说，他劝黄炎培辞去民盟主席，改推张君劢继任，“黄即电渝改推君劢主席”。在当天的日记中，黄写了四个意味深长的字：“自立合作”。由此看来，民盟中央委员会第二次会议作出“接受黄炎培因任劝募公债委员会工作等原因辞去中国民主政团同盟主席，并推举无党派人士张澜继任”决定的说法并不可靠。大家知道，民盟在香港公开后，延安《解放日报》发表过社论，那是在1941年10月28日，社论开头说：“最近曾琦、张君劢、梁漱溟、章伯钧、张澜先生等组织了民主政团同盟”。这说明了什么？第一，中共已知黄炎培不再担任民盟主席了；第二，中共似乎并没有得到张澜继任民盟主席的消息。如果说这还不够说明问题的话，那就让我们再听一听张君劢1941年11月11日，在重庆国民参政会驻会委员谈话会上的讲话吧：“民主政团同盟确于本年3月在渝正式成立，外间有人诬民主政团同盟为冒名捏造之团体，不值一笑。本人今特向参政会秘书长正式声明，本人即是同盟负责人之一，在座有左舜生、张澜、李璜、罗隆基等参政员，都是同盟负责人，这几人刻下都在陪都，关于同盟事项可负任何责任。”

那么，张澜究竟是何时继任民盟主席的呢？我想到了罗隆基，在《从参加旧政协到参加南京和谈的一些回忆》中，我读到了这么一段话：“由于张澜是盟内最年长的盟员，更由于他在盟内没有党派关系，得到盟内各党派和无党派盟员的推重，适合于调和盟内各党派间的矛盾纠纷，所以从一九四一年冬季起，第一任主席黄炎培因故去职，张澜就被推举为主席，并且他继续担任这个职位达十余年之久”。

罗隆基的这个说法，在黄炎培的日记中亦可找到旁证：“1941年12月1日九时，特园盟会。到者表方（主席）、君劢、舜生、幼椿、可玑、御秋、伯钧、努生、赓陶。(常)表、载、君、舜、幼、漱、慕、钧。(执)加努、可、映、赓、御、鲸、乃光。——张若谷(湖大)、杜斌丞(虎参)、张云川、张文(潮参)、彭泽民”。要读懂这则日记,得花费不少功夫,这里我就不再展开了,我只想说一说日记中加括号的那几个字,从日记所述内容看,“(主席)”、“(常)”、“(执)”应该是民盟中央主席、民盟中央常委、民盟中央执行委员。

根据罗隆基的回忆和黄炎培的日记,我认为张澜继任民盟主席的时间应该是1941年12月。

附:

张澜是何时接任民盟主席的

这几年,我翻阅了几乎所有关民盟的书籍,还是没有弄清张澜先生是何时接任民盟主席的。民盟中央文史委员会编的那本简史说,1941年10月“因黄炎培出国,辞去主席职务,由张澜接任”;林淇先生写的《张澜传》说是在梁漱溟离渝赴港创办《光明报》之时;《四川民盟史稿》则说1941年9月19日,民盟在重庆特园举行会议,批准黄炎培辞去主席,由张澜接任。众说纷纭,莫衷一是。

我在《黄炎培辞去民盟主席的原因及时间》一文中曾经提出,黄炎培辞去民盟主席的时间应是1941年10月,同意《中国民主同盟简史》的说法,但对张澜此时接任主席则不敢苟同。梁漱溟先生在1942年写的“中国民主政团同盟发起成立之经过略记”中回忆说:1941年“10月3日黄公(黄炎培)返港……即电渝请改君劢主席。而渝复主席非大会不能改选……”。由此看来,《中国民主同盟简史》的说法不能成立。

林淇先生的说法更是莫名其妙，梁漱溟先生是1941年3月28日离开重庆的，那时黄炎培根本没有提出辞职，张澜怎么接任呢？

对《四川民盟史稿》的说法，我曾表示怀疑。然而，当我读了罗隆基先生写的《从参加旧政协到参加南京和谈的一些回忆》后，却改变了想法。罗先生说："民盟成立时在秘密会议中，本已推定黄炎培做常委会主任（应为主席——笔者注）。后来黄到南洋去募集会款时，对民盟常委会主任委员职责，有不愿担负的表示，于是，民盟又按年龄长幼的次序，暂时推定张澜为临时主席。"黄炎培是1941年8月18日去南洋的，8月21日，梁漱溟与他几次深谈后，急忙草拟《中国民主政团同盟对时局主张纲领》，并附长信一封托人带回重庆，请求在渝民盟同仁迅速决定民盟宣言政纲内容，以便在10月10日的《光明报》上发表。从9月19日会议通过《中国民主政团同盟对时局主张纲领》并同意10月10日在《光明报》发表的决定看，应是对梁漱溟8月21日信件所提请求的回复。鉴于此次会议已决定民盟主席由张澜临时担任，梁漱溟改推张君劢为民盟主席的主张自然不会得到重庆民盟同仁的同意，由于张澜是临时担任民盟主席的，因此10月8日，渝复电梁漱溟"主席非大会不能改选"也是说得通的。

靠记忆写回忆玄

都说老人的记忆就像近视眼，近的看不清，远的瞅得见，其实未必。读过《许德珩回忆录》吗，其中有这样一段文字，读后令人困惑："1941 年春季的一天，周恩来同志在重庆俄国餐厅约请各党派的领袖（反动党派除外）吃饭，如张澜、沈钧儒、黄炎培、许德珩、章伯钧、罗隆基、张申府、梁漱溟等，均在被约之列。周恩来同大家说：当前人民群众和各党派对国民党的一党专政强烈不满，有必要声张民主，反对独裁。我们经过研究，认为有必要组织起来，成立中国民主政团同盟，要求团结抗战，要求民主。大家一致感到：政治不民主，抗战胜利必无可能。而为了促进抗战胜利，必须加强全国之团结，在中国共产党的号召和指导下，遂成立了中国民主政团同盟。我并且被推为该组织的联络部副部长。"

黄炎培是民盟第一任主席，他 1940 年 12 月 24 日的日记中有这样的记述："共（张）君劢、（梁）漱溟、（左）舜生商新组织问题。"此后，他在《我与民盟》一文中摘录了这段文字，明确地说："这个所谓的新组织，就是后来的民盟，这是民盟创始的第一天"。

梁漱溟是民盟的另一位创始人。1942 年他在《中国民主政团同盟发起成立之经过略记》中说："同盟之发起，在（民国）二十九年十二月二十四，是晨重庆报纸揭出国民参政会第二届人选名单，既于名额一再扩充，而上届在选之党外人士或敢言之士顾屏除不少，殊失人望。余与黄任之（黄炎培）左舜生两公不期而相会于重庆新村四号张君劢家。彼此感慨同深，遂发同盟之议。四人自晨至暮，讨论整日，多所决定，次日（25日）黄公又约来冷御秋、江问渔二公同谈，余出先一日谈话记录，供众阅；众认为无误，并决定命名'中国民主政团同盟'。不久，（左）舜生去蓉，（张）君劢回滇，余亦返乡间（来凤驿），相约于来春二月再聚于重庆，赓继进行之。"

从两位民盟的创始人当年的记述中，我们是不难弄清民盟创始真相的。

那么，周恩来与民盟的关系如何呢？还是让我们听听原中共南方局秘书长童小鹏是怎么说的："'皖南事变'后，中共参政员拒绝出席会议（国民参政会——笔者注），某些中间派和无党派人士处境更加困难。为了团结抗战，促进民主，并争取自身的生存和发展，他们深感必须加强团结，与共产党密切地合作，这样原来组织松散的'统一建国同志会'已不能适应需要，黄炎培、梁漱溟、章伯钧、张君劢、左舜生等多次秘密集会，酝酿将'统一建国同志会'改成中国民主政团同盟，以团结中间力量进行争民主反内战的活动。为了得到共产党的支持，他们多次找周恩来商量这件事。周恩来非常赞同，坚决支持。"

至于许老说的在重庆俄国餐厅的那次聚会，应该是1941年11月16日。黄炎培在当天的日记中说："午，张君劢、左舜生招餐临江路俄国餐厅，到者五十人，为宣布民主同盟事。"民盟中央文史委员会编的《中国民主同盟简史》对此事是这么说的："1941年11月

16 日，即国民参政会二届二次大会在重庆召开的前一天，民主政团同盟中央便以主席张澜、总书记左舜生、组织部长章伯钧、宣传部长罗隆基四人的名义，邀请国共两党的代表和参政会中的部分社会贤达在重庆举行茶会，国民党方面的王世杰、邵力子、张群，共产党代表周恩来等出席了茶会，会上由左舜生报告了中国民主政团同盟成立经过及其政治主张，公开宣布中国民主政团同盟的成立。”

由此看来，许老的回忆有三点错误：第一，时间不是 1941 年春，而是这年的 11 月；第二，会议的主人不是周恩来，而是民盟的负责人；第三，从许老列出的名单看，青年党和社会党应该就是他们说的“反动党派”，然而左舜生和张君劢不但出席了这个会，而且还是会议的主人，因此“反动党派除外”的说法是不能成立的。

许老是 1980 年开始写这本回忆录的，当时他已年过九旬。他的孙子许进说：“1932 年末他因宣传抗日而被北平反动当局逮捕，家中被抄，书籍和手稿损失过半。四十年代在重庆，日本人的飞机把他的住所炸平了，只有从废墟中捡出几件衣物，其他全部化为乌有。抗日战争胜利后返回北平，他发现存在北平的书籍、手稿全散失了。他写回忆录主要靠他的记忆……。”许老本人则说：“因我年岁已大，有些事记不清楚，甚至记不起来，有些事在记忆上恐怕还有错误，恳请识者指正。”

顺便说一句，许老回忆录中提到的民盟“联络部”，我翻遍现存的所有史料，实在找不到它的出处。

读《协商建国》有感

近来，《解放日报》连载郝在今写的《协商建国——1948～1949中国党派政治日志》，出手不凡，其中有关民盟的部分更是难得一见的好文字。

对民盟的起始，郝在今是这样写的："1941年3月，十七个中国政坛的著名人物在重庆秘密签名组织政治集团——中国民主政团同盟，推选黄炎培为常委会主任。"

这段话看了眼熟，它让我想起了一个人，就是那位大名鼎鼎的罗隆基先生。

上个世纪六十年代初，罗先生曾经写过一篇题为《从参加旧政协到参加南京和谈的一些回忆》的长文。那时，他早被撤掉了森林工业部部长的职务，工资也由四级降至九级，穿着由西服改为中山装，说话也谨慎了许多，然而在这篇文章中，你几乎感觉不到他的失意，尤其是文章结尾处那几句宋诗的运用，更让人看到了一个妙笔生花、挥洒自如的罗隆基。

文章固然精彩，那么文中所述史实是否准确呢？对此，罗先生在文章开头部分有段说明："我一生没有养成写日记的习惯，当时保存的记录和文件，又已全部遗失，现在来写关于十五年前事件的回忆，自知不可避免地会有遗忘和错误，谨请读者原谅，并恭候指正。”

很可惜，郝在今关于民盟起始那段文字，恰恰出自罗先生“不可避免”的错误。

早在1949年7月，罗先生便写过一篇《关于盟史的几点说明》，文中称民盟创立时“参加签名者共二十五人，”怎么到六十年代初签名者变成十七人了？看来罗先生的记忆出了问题。说黄炎培是民盟常委会主任也不确切。根据黄本人的日记，他是1941年3月12日被推为民盟主席的，梁漱溟1942年写的《中国民主政团同盟发起成立之经过略记》也说“主席一人由常委互推黄公(黄炎培)担任”。按照黄炎培和梁漱溟的说法，黄担任的应是“民盟主席”，而不是“民盟常委会主任”。在《从参加旧政协到参加南京和谈的一些回忆》一文中，此类的错误还有一些，比如说左舜生在民盟创立时是民盟的秘书长，其实左当时是民盟的总书记，他担任秘书长是1944年9月民盟全国代表会议以后。俗话说“好记性不如烂笔头”。罗先生说他“一生没有养成写日记的习惯，当时保存的记录的文件，已全部遗失，”只凭记忆来写文章，出现这些错误自然是不可避免的。问题是咱们这些后生晚辈在引用罗先生文章时，应当作一番分析，不可过于随意。

顺便说一句，郝在今说罗涵先1948年时是一位二十岁的翩翩少年，其实不然。罗涵先是1923年出生的，1948年应是二十五岁，说他年轻有为是可以的，但说“翩翩少年”怕是“盛名之下，其实难副”了。

郝先生的"破绽"

我曾经说郝在今在《解放日报》上连载的《协商建国》是大手笔,谁知越往后问题越多。随便举个例子,郝在今称"1944年,李济深派朱蕴山去重庆,建议民盟广泛吸收无党派人士参加,实行改组。参考李济深的意见,民盟由政团改组为政党,得到迅速发展。"这短短六十个字的引文,竟有两处错误:其一,民主政团同盟不是政党;其二,民主政团同盟改称民主同盟主要是听了李济深的意见。

当今中国文坛,发表具有"创造性"说法的并非凤毛麟角。叶永烈在《反右派始末》一书中,就石破天惊地宣布:中国有九个党派(他将无党派民主人士也算作一个民主党派)。郝在今说民主政团同盟不是政党也是一个"创造"。众所周知,民盟的前身是统一建国同志会,这个组织是不是政党?王世杰当年曾向梁漱溟提过这个问题,梁明确回答说不是。到了1940年底,梁漱溟与黄炎培、张君劢、左舜生一起秘商建立新的政党。次年3月,这个政党在重庆诞生了,它就是中国民主政团同盟。1944年9月,民盟举行全国代表会议,决定取消团体会员制,以后盟员一律以个人名义加入,组织名称也由民主政团同盟改为民主同盟。说民主政团同盟不是政党，到 1944 年 9 月才改组为政党，等于“腰斩”民盟，将民盟历史一分为二。

民盟由“民主政团同盟”改为“民主同盟”是在 1944 年 9 月，但早在当年的 5 月 3 日，民盟领导人便开过一次会，黄炎培在当天的日记中说：“下午赴（左）舜生家，共（左）舜生、（张）君劢、（章）伯钧、衡山（沈钧儒）、（张）申府商改组中华（国）民主政团同盟，去政团二字，容纳各（无）党派分子。”那时朱蕴山不在重庆，他是当年 9 月与潘光旦由昆明来重庆的。李济深自己回忆说：“在桂林，民盟很活跃，我亦参加了民盟的活动，后来派朱蕴山到重庆做民主政团同盟改为民主同盟的工作。”在李本人的回忆中，你是找不到他“建议民盟广泛吸收无党派人士参加实行改组”的一点痕迹的。所以郝在今说将民主政团同盟改组为民主同盟是李济深的主意，恐怕又是一个“创造”。

郝在今的文笔不错，气势亦大，但底蕴不足，时不时总要露出一些破绽，可惜！可惜！

1946～1949：中共与民盟在沪合作回顾及经验研究

1946～1949，作为第三方面的代表，民盟在沪参与了诸如维护政协决议、反对内战，推动国共和谈，拒绝参加"国民大会"，声援学生爱国民主运动等一系列活动。期间，以周恩来为代表的中国共产党人以各种方式，积极争取在沪民盟领导，并在国民党当局企图杀害张澜等人时施以援手，终使民盟接受了中国共产党的领导，成为中共的亲密友党。

一　中共对在沪民盟领导开展工作的回顾

（一）呼吁和平，反对内战

1946 年 1 月，政治协商会议在重庆召开，经过中共和民盟及其他民主人士的努力，通过了有利于和平民主的五项协议，让刚刚经历了八年战火的中国人民看到了和平统一、民主建国的曙光。然而，国民党当局很快撕毁了政协决议，发动了全面内战。

为了制止内战，周恩来在中共代表迁移南京前夕，面对重庆各界人士，发表了感人肺腑的谈话：差不多十年了，我一直为团结商谈奔走渝延之间，谈判耗去了我现有生命的五分之一，我已经谈老了！多少为民主事业努力的朋友，在这样长的谈判中，走向监狱，走向死亡。民主事业的进程是多么艰难啊！我虽然近五十之年了，但不敢自馁，我们一定要走完这最后而又艰苦的一段路。

周恩来的话不仅打动了在场的各界人士，也说出了由渝抵沪的黄炎培、沈钧儒、梁漱溟、章伯钧等民盟领导的心声。为了制止内战，他们在上海南海花园饭店（今上海评弹团）集会，决定组织上海人民反内战大会。6月初，华岗在中共上海工作委员会的一次会议上提议：由上海人民选派代表赴南京请愿和平。6月23日，在中共上海市地下党组织和包括民盟、民进等五十二个党派和团体组成的上海人民团体联合会的共同推动下，五万多群众在上海北火车站欢送马叙伦等十位代表赴南京请愿和平。民盟中央委员吴晗等参加大会，民盟中央常委陶行知、民盟上海市支部筹备委员王绍鏊等主持大会。陶先生在大会发表演讲："八天的和平太短了，我们需要永久的和平，假装的民主太丑了，我们需要真正的民主！我们要用人民的力量来制止内战，争取和平！我们要用人民的力量，反对独裁，争取真正的民主！"当晚，请愿代表在南京下关遭国民党组织的暴徒殴打。6月25日，上海地下党设法租借国际饭店宴会厅，由陶行知出面以上海人民团体联合会的名义举行外国记者招待会，陶行知用英语发表谈话："我们确实知道在南京对和平代表组织的殴打，是政府中一种团体所主使，这种人只有借着战争才能保留势力，民主运动及和平运动正与他们的野心对立。这次的殴打与在昆明、重庆、成都及其他地方对待学生的办法是一贯的、相同的，反动的力量是逐渐将三民主义的党变为法西斯的组织。CC

系对此事责无旁贷。……在中央政府中有好战的政治集团，这是法西斯团体，CC系不能对此来卸责。蒋介石有心理上的错综。一种错综使他相信，每个想要和平民主的人都是共产党。我们感谢美国在日本侵略中国时给予的协助，但海军陆战队竟在日本投降后留在中国。我们不希望主战派被鼓励作内战。在最近几天内，联合团体要发表一宣言给美国人民，其中要求美国人不要促进中国内战的爆发，……并要求美国人民对于铲除中国法西斯的斗争加以援助。中国在建设上需要帮忙，但不需要在破坏上帮助，美国继续不断地支持国民党，只能鼓励法西斯分子打内战。”

（二）情同手足，悼念英烈

1946年4月8日，中共政协代表王若飞、秦邦宪因国民党推翻政协决议，冒恶劣气候由重庆返回延安向中共中央汇报和请示，飞机在山西兴县黑茶山失事，不幸殉难，同机罹难的还有叶挺、邓发等共八人，史称“四·八”烈士。4月22日华岗、潘梓年访黄炎培，商在沪举行“四·八”烈士追悼会事宜。4月29日，黄炎培赋诗一首悼念“四·八”烈士：“中华又见戟云开，谁为生灵请命来；太息神州无死所，玉棺天半怒飞灰。”4月30日，“四·八”烈士追悼会在沪西玉佛寺举行，民盟中央常委黄炎培出席并致辞，陶行知在会上恭读悼诗：“我们今天在你们面前下了绝大的决心，要挑起你们遗下来的重担，首先要致力和平，无条件地赶快停止内战。同时要争取四大自由，使大家可以安居乐业、有饭吃、有书读、有话谈。要把中华民族造成一个最伟大的公司，四万万五千万人联合起来做老板”；“朋友们安息吧！待我们任务完成，再向你们问安。”潘梓年代表中共上海工委致谢词：“这样的天气，各位还跑来，这不是为了共产党和私人感情，而是为了追悼民主战士，因为大家都要民主。”

1946年7月11、15日，民盟中央委员李公朴、闻一多先后在昆明遭国民党特务暗杀。13日中共上海工作委员会委员陈家康访民盟常委沈钧儒、罗隆基，对李公朴被害表示哀悼。14日，周恩来、董必武、邓颖超、李维汉、廖承志致电李公朴夫人，表示哀悼；17日，又致电闻一多夫人表示悼念。7月25日，民盟中央常委陶行知因愤李闻被害突发脑溢血而逝世。周恩来原定当天中午接见记者。当记者陆续聚集周公馆时，传来陶行知病危的消息，周恩来当即委托陈家康代他会见记者，自己与邓颖超匆匆赶至爱棠新村13号(今余庆路146弄13号)。他俯身拉着陶行知尚有余温的手，含着热泪说：“陶先生，你放心地去吧！你已经对得起民族，对得起人民。你的事业会由朋友们，你的后继者们坚持下去的，你放心去吧！我们一定要争取全面的、永久的和平，并实现民主来告慰你。朋友们都得学习你的精神，尽瘁民主事业，直至最后一息，陶先生，你放心去吧！”他又抬头对在场的朋友说：“大革命失败的时候，许多同志接踵牺牲，我悲愤交集，怒火中烧，眼泪都烧干了。现在看来国民革命成功的日子并不很远，总希望有更多的战友来参加新中国的建设。在这短短的二十多天里，连续失去了三位民主人士，实在没法不使人悲痛！”他非常激动地紧握田汉的手，沉重地对大家说：“你们都得保重啊！文化界的朋友们无论如何再牺牲不得了……”这沉重、关切、坚定的语气，深深地扣动着每个人的心弦。他询问了陶先生的后事安排情况，并请郭沫若撰写悼词。当天下午周恩来回到南京，晚上他致电中共中央，称“陶行知是一个无保留追随党的党外布尔什维克”，其逝世是“中国人民又一次不可补偿的损失”，还指出：“今后对进步朋友的安全健康我们必须保护”，并说“已告上海潘汉年及伍云甫，在救济方面多给予经济和物资的帮助，在政治方面亦须时时关照”，“请中央将南京新华社关于陶先生逝世的报道广播全国”。毛泽东、朱德与当天联名发来唁电：“兹闻行知先生逝世，不胜哀悼！先生为人民教育家，为民族解放与社会改革事业奋斗不息，忽闻逝世，实为中华人民之巨大损失，特电致唁。”

7 月 26 日，陶行知先生治丧委员会在上海殡仪馆举行公祭。华岗、潘梓年、刘宁一等前往致祭，并以周恩来名义献花圈，有陈家康朗读中共代表团驻沪办事处祭文。9 月 19 日，陈家康代表中共代表团驻沪办事处参加在静安寺举行的李公朴先生家祭。10 月 4 日，上海五千余人在上海天蟾舞台举行李公朴、闻一多追悼大会。毛泽东、朱德同挽：“为保卫政协争取和平民主而牺牲的斗争精神不死。”中共代表团挽联：“继两公精神，再接再厉争民主；汇万众悲愤，一心一德反独裁。”邓颖超在会上宣读周恩来笔书悼词：“今天在此悼念李公朴、闻一多两先生，时局极端险恶，人心异常悲痛。但此时此刻有何话可说？我仅以最虔诚的信念向殉道者默誓：心不死，志不绝，和平可期，民主有望，杀人者终必覆灭！”当邓颖超读到“此时此地有何话可说”时，台下掌声经久不息。此后每念一句，台下就报以热烈的掌声。10 月 6 日，上海各界在静安寺公祭李公朴、闻一多两先生。周恩来亲率中共代表团多人到场致祭。

（三）同舟共济，拒绝参加“国民大会”

1946 年 9 月间，国民党军队加紧进攻张家口，周恩来对和平谈判已不抱希望，但民盟方面对时局深感忧虑，希望国共双方相互让步，恢复和平，为了不负民盟朋友奔走和平的热诚，周恩来对民盟朋友热情相待。10 月 7 日，周恩来邀请黄炎培、沈钧儒、章伯钧、罗隆基到周公馆商时局，事后章伯钧告记者：只对时局一般问题交换意见，并喟然叹曰：“9 月 30 日民盟为‘国大’事致蒋主席电，迄今还无下文，遑谈为人调解！”10 月 8 日，应张君劢邀请，黄炎培、沈钧儒、张君劢、章伯钧与青年党左舜生、陈启天，以及无党派人士郭沫若、钱新之在交通银行聚会，共商时局，拟对和谈作最后努力，决定次日分访孙科、周恩来后全体赴南京。10 月 10 日，黄炎培等 9 人于上午十一时访孙科，下午一时四十分访周恩来。事后，罗隆基告诉记者，共同商量的恢复和谈的折衷办法，于 13 日搭夜车联袂赴南京，该项折衷办法如为国民党政府采纳，周恩来即行返宁。周恩来表示同意他们提出的和平主张，认为这是中共的一贯主张，愿与大家共同努力。10 月 11 日晨，梁漱溟由南京抵上海。黄炎培、沈钧儒、张君劢、章伯钧、罗隆基听其报告。下午三时赴周公馆访晤周恩来。梁漱溟提出打开僵局新建议：停攻张家口，再开政协综合小组会议，暂缓颁布“国大”召集令。周恩来当即表示，如政府有诚意恢复和谈，必须立即停攻张家口，并将进攻张家口部队撤回原防。否则，中共将拒绝参加任何商谈。然而，就在当天，国民党军队攻占了张家口，蒋介石随即下令如期于 11 月 12 日召开国民大会。10 月 12 日黄炎培、沈钧儒、章伯钧、罗隆基等在张君劢寓所紧急集会，一致认为蒋介石在国民党军队攻占张家口的情况下颁布令召开国民大会，无异对第三方面人士飨以闭门羹与难堪，决定取消赴南京。会后他们分访孙科、周恩来。10 月 13 日，青年党李璜抵沪转达国民党政府意见，望民盟等第三方面赴南京调解，沈钧儒等表示暂不考虑。10 月 15 日，上午国民党政府派国民参政会副秘书长雷震赴沪，请民盟等三方面劝说中共代表团返南京和谈。下午，黄炎培、沈钧儒、张君劢、章伯钧、罗隆基等访周恩来，商和平大局并转雷震代表国民党政府望中共代表团返回南京意见。晚6时，黄炎培、沈钧儒、张君劢、章伯钧、罗隆基等经协商，答复雷震：一、政府预先切实表示停战；二、再派员来沪先为非正式商谈。10月16日，张君劢、李璜等访晤周恩来，转告15日晚与雷震洽谈经过。10月17日，报载蒋介石提出停战八项条件。上午10时，黄炎培到张君劢寓所研究八项条件。下午3时，黄炎培赴周公馆访周恩来。晚7时，黄炎培等在张君劢家与吴铁城、邵力子、雷震会餐。黄炎培代表第三方面就时局发表意见，强调政协五项决议有效。晚9时，第三方面推黄炎培、张君劢、章伯钧、罗隆基等七人赴周公馆访周恩来，告第三方面与吴铁城等洽谈经过。10月18日上午10时，黄炎培、张君劢、沈钧儒、章伯钧、罗隆基等7人至海格路（今华山路）望庐吴铁城寓所，与吴等三人再度交换意见。下午1时，黄炎培等在海格路（今华山路）范园张君劢寓所宴国共双方代表，餐毕合影留念。这是国共双方7月以来首次聚晤。下午，国共和第三方面代表在周公馆首次非正式商谈，黄炎培、罗隆基记录。会谈结束后，国民党政府代表在海格路（今华山路）望庐宴请中共和第三方面代表。10月19日下午5时，国共和第三方面代表在吴铁城寓所举行第二次非正式商谈。周恩来表明中共渴望和平的诚意，并接受返回南京进行和谈的邀请。当晚，周恩来在周公馆宴请各方代表。10月21日上午9时，黄炎培、沈钧儒、张君劢、章伯钧、罗隆基及青年党曾琦等，与周恩来等中共代表同机飞往南京。10月23日至28日，第三方面代表在南京连续集会，经过多次商议，听取了国民党、共产党和马歇尔三方意见，煞费苦心地企图寻求国共双方都能接受的方案，但终告失败。

第三方面调停失败后，国民党要员纷纷出动，威逼利诱，拉拢他们参加“国民大会”。由于民盟在第三方面占主导地位，中共代表十分重视民盟的态度。11 月 12 日，周恩来、董必武、邓颖超、李维汉出席第三方面的聚会。周恩来语重心长地说：二十多天追随诸位先生之后，一切都是为了实现政协决议和停战协定。我们愿意谅解各位的苦衷，但我们必须坚持政协决议。国民党的用心很清楚，请大家进国大，为的是在脸上搽粉，把中共踢开。我们共事了多年，现在临别了，我们队继续挨打无所畏惧，我们党就是在围剿压迫中发展壮大起来的。我们有武装，可以同国民党周旋，而诸位将难免受压迫，希望有一天放仍能在一起为和平民主奋斗。随后，他和黄炎培有一段对话。黄炎培：“我很忧虑。蒋介石非打不可，这早已看清楚了，今后当然只有打了！但蒋毕竟有几百万军队，还有美国在背后支持，打，中共的力量怎么样？打得赢吗？会吃亏吗？”周恩来：“如果打不赢，不怨天，不尤人，只怨我们没有打好。不过请朋友们放心，对于争取中国的和平，我们共产党是有决心的；对蒋介石打仗，我们共产党是有信心的。”当天，张澜由重庆致电南京民盟总部，再三强调：“我们民盟必须在政协决定程序全部完成后，才能参加国大，否则就失去了民盟的政治立场。”11 月 14 日，民盟总部发出《紧急通告》，要求各地民盟组织宣传民盟总部的决定和张澜主席的指示，坚决反对国民党召开分裂的“国民大会”。也就在这一天，中共代表设午宴招待黄炎培、张君劢、梁漱溟、章伯钧、罗隆基、张申府等民盟朋友，并合影留念。1981 年夏天，八十九岁的张申府手持当年的合影，神情激动地对人说：“这是我最喜欢的照片，那是我一生中最开心的时候，看，这是周恩来和邓颖超，他俩多么年轻！那个短小留长须穿长袍的长者是沈钧儒，是民盟的重要成员。我穿着件厚厚的大衣，站在老朋友章伯钧的左边。当时南京很冷。”

在和民盟朋友合影后的第三天，周恩来给郭沫若夫妇写信，信中说：“沫兄回沪后，一切努力，收获极大。青年党混入混出，劢老（张君劢——笔者注）动摇，均在意中，惟性质略有不同，故对劢老可暂时持保留态度。民盟经此一番风波，阵容较稳，但问题仍多，尚望兄从旁有以鼓舞之。”

11 月 19 日周恩来、邓颖超等中共代表离开南京。21 日，周恩来在中共中央会议上说：“只要民盟不参加，国大不开了就很臭！”

（四）帮助民盟，委托代管中共在沪财产

1947 年 2 月 28 日，国民党政府强迫中共驻南京、上海、重庆等地担任谈判联络工作的全体代表于 3 月 5 日前全部撤退。3 月 3 日下午 3 时 20 分，董必武在南京电告钱之光，中共在沪财产移交民盟保管，并由陈家康通知国民党上海市长吴国桢。3 月 4 日，周恩来致电民盟中央主席张澜，商请民盟代管中共在沪、宁、渝等地的财产。五时三十分，董必武在南京电告陈家康：周恩来已致电民盟张澜，提请代管中共代表团财产。上海方面由陈家康去民盟联络移交事宜。接电后陈家康即分别向张澜和国民党上海警备司令部联系。至 6 时许，张澜、黄炎培电约陈家康至张澜寓所商谈房产移交事。晚 8 时许，董必武电告钱之光：中央指示中共在沪财产交民盟代管。但上海国民党警备司令部代表郝景懿仍坚持交由卢家湾警察分局保管，故自晚上九时起开始清点周公馆财产，至五日凌晨 1 时 30 分才完毕，移交清册一式四份，其中一份交民盟，以备再移交民盟保管时使用。

3 月 6 日，张澜、黄炎培、沈钧儒、章伯钧、罗隆基、史良、邓初民等在张澜寓所商洽民盟代管中共代表团财产事宜。

3 月 17 日中午 12 时，民盟中常委沈钧儒、罗隆基前往国民党上海警备司令部，与宣铁吾洽谈接管中共在沪财产事项。两天后，原中共代表团驻沪办事处财产由民盟接受代管，卢家湾警察分局派郝景懿点交。民盟则由副秘书长周新民点收。当晚，周新民等迁入居住。随后李文宜、辛志超、陈新桂、孙桂梧等先后迁入。从此“周公馆”成为民盟总部机关办公场所。

（五）危险关头，声援民盟

1947 年 10 月 27 日，国民党当局宣布民盟为“非法团体”。11 月 6 日，民盟总部被迫发表《中国民主同盟总部解散公告》。在民盟处于最困难最危险的时刻，中国共产党给予政治上的有力声援和热情帮助。

对于国民党镇压民主党派日益升级的趋势，周恩来早有预料。早在 1946 年 6 月 28 日，他就电告中共中央：时局一旦突变，我党在外的工作者和民盟及进步分子将分批到解放区，建议中央指示各解放区在沿途设接待站。为了帮助民主人士日后能在香港开展活动，周恩来特地介绍中共香港分局领导人连贯与沈钧儒、郭沫若等建立联系。

针对国民党政府悍然宣布民盟为“非法团体”，迫害民盟的行径，新华社于 1947 年 10 月 30 日发表评论指出，“此举不啻宣告蒋介石的最后政治破产”。

在民盟被迫宣布解散的当天，新华社在此发表时评《蒋介石解散民盟》，指出：“民盟只是一个赤手空拳的组织，他们连一支手枪也没有，并且也不打算有，他们的凭借就是言论出版，而这样的武器也早已被蒋介石没收了。允许民盟这样一个组织的存在，在通常的情形下，即令一个政府已经自己觉到自己的危机，也应该没有什么可怕的，但是病入膏肓的蒋介石，今天害怕这样一个组织，他宁可向这个组织露出法西斯野兽的牙齿，宁可使在蒋介石统治下进行任何运动、合法运动、改良运动的最后幻想归于破灭。这种举动，其实际意义只是暴露和加重南京统治的异常紧迫的危机”。

中国共产党在时评中肯定了民盟在民主斗争中的进步作用，赞扬为民主事业而献出生命的闻一多、李公朴、杜斌丞等一些民盟盟员是“坚决反对蒋介石独裁和美帝国主义侵略的民主战士”。民盟“在若干历史关节中，实行了与中共在部分民主纲领上的政治合作，从而推进中国民主事业，乃是民主同盟的光荣”。

中国共产党热情鼓励民盟及民主党派彻底清除中间路线思想，继续奋斗，指出：“中国民主运动的基本特点乃是武装的革命人民反对武装的反革命集团。”蒋介石在国统区的恐怖行动再一次说明：“要有真正的和平，就必须坚决用武力来打倒蒋介石，就必须坚决拥护人民解放军的武装革命斗争，而决不能依靠任何合法的改良的方法。”希望民盟从这一事件中取得教训，放弃“任何对美国侵略者及蒋介石统治集团或其中某些派别的幻想”，“坚决地站到真正的人民民主革命的方面来，认清中间的道路是没有的”。如果民盟能够这样做，“则民盟之被蒋介石宣布为非法并不能损害民盟，却反而给民盟一走向较之过去更为光明的道路的可能性”。

（六）全力营救，张罗脱险

民盟总部被迫解散以后，在国民党方面的“安排”之下，罗隆基先后在上海广慈医院（现为瑞金医院）中山医院“治病”。1948 年 3 月起，罗隆基转至上海虹桥疗养院（现为徐汇区中心医院）。1949

年1月23日，在院长丁惠康劝说下，张澜亦住进虹桥疗养院。1月27日，郭春涛夫人告之黄炎培："某方将对我不利。我之外，表方、努生等。其方法为绑票或暗杀。"5月3日，国民党保密局局长毛人凤来沪时对毛森指示："总裁指示，凡属有嫌疑的人即予以逮捕，对张澜、罗隆基等予以监视。这件事本应由上海稽查处和上海警察局会办，因上海稽查处另有任务，希兄多负点责任。"

在获悉蒋介石将对张澜、罗隆基等下毒手后，周恩来立即指示中共地下党组织全力营救。中共地下党组织找到已被策反的国民党中央监察委员会杨虎，请他出面营救张、罗。5月初，杨虎找到老部下，时任上海警备司令部稽查处警备大队副阎锦文，要他负责营救张、罗。

5月10日中午，国民党上海警备司令部出动军警特宪包围虹桥疗养院。当天下午，史良接到中共方面的报警电话离家出走。5月21日，阎锦文驱车将张澜、罗隆基从虹桥疗养院转移到南昌路杨虎公馆。5月27日，接上级指示四处寻找史良的人民解放军27军官兵在海格路(今华山路)交通大学附近一幢公寓的地下室内找到史良。5月28日，陈毅同志代表中共中央慰问张澜、罗隆基。当天，张澜、罗隆基、史良等联名发表声明，向领导人民革命的中国共产党及中共领袖毛泽东"表示热诚的庆贺"。次日，张澜、罗隆基致电毛泽东、朱德、周恩来、董必武："澜不久将与罗努生兄等来京聆教。"6月1日，毛泽东等复电张澜："今后工作重在建设，亟盼各方友好共同致力，先生及罗先生准备来平，极表欢迎。"6月17日，民盟上海市支部举行大会，欢迎即将赴平出席新政协会议的张澜、罗隆基和史良。张澜在会致词，表示"我们民主同盟应在新民主主义的旗帜下努力建设新中国。"6月18日，张澜、罗隆基、史良等自沪启程，于24日到达北平。

二 中共对在沪民盟领导开展工作的经验

(一) 广交朋友

广交朋友是中国共产党开展统一战线的一大特色。以周恩来为例,1946 年 7 月 14 日,他在上海周公馆设立以后第一次来沪,当晚就专程看望了民盟中央常委罗隆基,详细介绍了数日来在南京与马歇尔、司徒雷登和国民党方面和谈的经过。7 月 17 日下午 5 时,周恩来由宁乘机抵沪。当晚,他又赶到海格路(今华山路)范园张君劢寓所,与第三方面人士晤谈。7 月 25 日上午,周恩来、邓颖超走访杨虎,并与杨虎的老部下阎锦文交谈。据阎锦文回忆,周恩来平易近人,热情招呼他坐在周的身旁,语重心长地分析了国内形势,希望他为人民多作贡献。由于周恩来的教诲,阎锦文对形势逐步有了比较清醒的认识。上海解放前夕,他在营救张澜、罗隆基的行动中,起了关键作用。仅在 1946 年 10 月,周恩来和民盟在沪领导会面就达十余次,有走访,有接待,有宴请,形式多样。在张君劢提交民社党参加"国民大会"以后,周恩来依然关注他,在给郭沫若夫妇的信函中说:"对劢老(张君劢)可持保留态度",可谓仁至义尽。

(二) 循循善诱

毋庸置疑,民盟和中共在一些问题上是有不同看法,怎样耐心地说服同盟者,细心地做他们的思想工作,逐步地转变他们的认识,是以周恩来为首的中共代表的一大亮点。

以国共和谈为例。1946 年 6 月 26 日,国民党 30 万大军大举进攻中原解放区,内战全面爆发。周恩来意识到以和谈方式解决问题已经不可能了。尤其对美国方面的调停，中共方面不抱希望。但民盟不这么看，他们依然为和平奔走呼喊，对美国政府及其派来的调停人员抱有幻想。周恩来知道，只有用活生生的事实，才能打破这些人的幻想。1946 年 8 月 31 日，周恩来获悉，美国准备把抗战时留在中国及靠近中国边境各地的武器，和一切军用物资，以极低的价格卖给国民党政府，立即向马歇尔提出抗议。9 月中旬，由于马歇尔、司徒雷登拒绝重开军事三人小组会议，坚持召开五人小组会议，国民党政府又不保证在实现停战和取消五项要求，致使和谈陷入僵局。周恩来宣布暂时退出谈判，由宁抵沪。他特意去看望了民盟秘书长梁漱溟，将起草的《七、八两月谈判要点和总结》送给梁漱溟，并介绍了和谈的内容、谈判难以继续的原因和责任。同时，不失时机地把美国政府出售军事剩余物资给国民党政府，这笔军火交易已秘密达成协议，原原本本告诉梁漱溟，从而使梁猛然醒悟。梁漱溟在晚年的回忆中写道，这“才矫正了我以前认为美方公正和马歇尔很好的错误看法。我才确知美国是在偏袒蒋介石。美国出卖军火给蒋岂非助纣为虐?”10 月 10 日，梁漱溟去周公馆劝说周恩来回南京重开和谈，建议国民党宣布停战，共产党提交参加“国大”名单。第二天，梁漱溟乘夜车回南京，打算与国民党方面协商此事。12 日晨，在南京车站看到当天报纸刊登国民党军队占领张家口的报道，政府并单方面下达了国民大会召集令，顿时感觉到“一切完了，绝望了。”然而，蒋介石为了给“国大”披上合法外衣，假惺惺地派政府代表雷震、吴铁城、邵力子，赴上海力邀周恩来及民盟代表进京商谈，并让第三方面向中共劝驾。第三方面人士以为，和谈又有了新的转机，竭力劝周恩来回南京谈判。周恩来明知这是一个骗局，和谈根本不会有结果，但为了用事实教育第三方面人士，他还是于10月21日同第三方面人士一起来到南京做最后的谈判。蒋介石却在关键时刻避往台湾。24日，传来国民党军队侵占安东的消息。周恩来气愤地对第三方面人士说：从此以后，再不和谈了，我们亦回延安了。其实，蒋介石一点也不了解共产党，殊不知共产党是不怕压的，共产党是从无到有，从最底层翻上来的。周恩来又真诚地提醒第三方面人士，和平不是恩赐的，是要靠斗争来取得的。第三方面人士通过对和谈的最后努力，认清了蒋介石以谈判掩盖内战的真面目。

（三）求同存异

1946年5月4日，中共中央发出关于土地改革的指示，一场轰轰烈烈的土改运动在解放区迅猛展开。由于土改初期缺乏经验，致使土改运动中发生了过激行为，许多地主逃亡到上海、南京等城市，引发了黄炎培等民盟上层人士的疑虑。6月6日晚，黄炎培、梁漱溟和周恩来在民盟总部长谈。黄反映所闻土改中的过激行为，并把自杀的开明人士刘崇祐遗言告知周。周恩来动情地说，五四运动时，崇祐是律师，为我辩护，更以金钱接济，至今衔感。事实上周恩来此前已致电中共中央："可否在苏北之斗争方式选择较温和办法，以便争取上层中产阶级。"

6月27日，毛泽东电周恩来："中央正考虑由各解放区发行土地公债发给地主，有代价地征收土地分配农民。其已经分配者，补发公债，如此可使地主不受过大损失。惟汉奸、土豪劣绅、贪官污吏、特务分子不在此例。你们可向中间派非正式地透露此项消息。"根据毛泽东等关于以有偿赎买方式解决土地问题的考虑，中共中央于7月19日发出《关于研究答复制定土地政策中的几个问题的指示》，提出以赎买方式解决土地问题，并要求各地迅速研究其实施的可能性电告中央。由于全面内战爆发，各地对此反应不一，有些地区要求暂缓发布新政策，因而以赎买方式解决土地问题的设想没有实现。为了说服黄炎培等民盟人士，中共中央派李维汉、齐燕铭多次登门拜访黄炎培，与其长谈，不厌其烦地介绍中共土改政策，黄炎培虽然认为土改有必要，但对土改中清算地主的行为仍持不同意见。对此，中共有人甚为不满，认为黄是江南地主阶级的代表，但中共高层并没有对黄炎培持排斥态度，仍然对他热情相待，积极争取。

（四）以情感人

青年党李璜原是民盟中央常委，晚年，他在回忆录中说，周恩来是个极为出色的演员，在第三方面调解国共关系的过程中，他时而朗声大笑、时而声泪俱下……第三方面众人被他的演技吸引，最终多数人跟着中共走了。

如果说周恩来是在演戏，那么，他就是一个本色演员，他的朗声大笑、声泪俱下均发自内心的真情实感。1946 年 7 月 13 日，当他听到李公朴先生在昆明被国民党特务暗杀时，据许涤新回忆正在主持会议的周恩来流下了悲愤的泪水，他对在座一位曾经指责李公朴为人的党内干部说：李先生是一位真正的民主战士，你说他是不是？他的血是为民主而流的！几天以后，当他听到闻一多被害的消息后，再一次留下了真挚的眼泪。特别是 1946 年 7 月 25 日，当他在上海周公馆准备当天下午的记者招待会时，听到了陶行知先生突发脑溢血的噩耗，立即同夫人邓颖超驱车赶往余庆路爱棠新村 13 号，握着陶行知先生尚有余温的手，动情地说：“陶先生，你放心地去吧……”六十多年后的今天，重温周恩来当年的话语，我们民盟的同志仍激动不已。

在同第三方面认识的接触中，周恩来始终怀着一种出自内心的真情。1946年10月11日，国民党当局在攻占了张家口的当天，宣布于11月12日召开“国民大会”。周恩来怒不可遏，他深知与蒋介石的和平谈判不过是一场戏，但是为了让仍然热衷于和谈、对和平抱有一丝希望的民盟朋友们不寒心，更重要的是让铁的事实教育第三方面，周恩来强压怒火，一次又一次地同第三方面接触，耐心地听取他们的劝告，并同他们一起由沪抵宁，与国民党上演了一出没有结果的和谈剧。

1946年11月在民盟是否参加“国民大会”的关头，周恩来以他的真心诚意打动了他的民盟朋友。当国民党方面威胁利诱，无所不及之时，周恩来亦使出浑身解数，让周新民等打电话给张澜主席，听到表老在电话中用洪亮的声音说：“参加不得呀，参加不得呀，参加不得呀……”后方才离去；让原本不想充当张君劢说客劝说张东荪参加国民大会的叶笃义去北平，做张东荪的思想工作；让在第三方面劝说蒋介石在召开国民大会的时间上推迟一个月，说明中共方面出席国民大会的书面报告签字的沈钧儒、章伯钧和张申府去做第三方面的工作，不要上蒋介石的当，还亲往交通银行苦口婆心地劝说第三方面认识……可以说那是周恩来最为繁忙的一段日子，也是他最为辛苦的一段日子。他用自己的真心诚意感动了民盟朋友，帮助民盟在大是大非的关头守住了政治道德的底线。

（五）鼎力相助

自1946年5月抵达南京起，以周恩来为首的中共代表对民盟在沪领导高度关心和热诚帮助。李公朴、闻一多血案发生后，周恩来致电哀悼，向国民党政府发出强烈抗议。陶先生逝世后，他给中共给中央伐去电报："今后对进步朋友的安全、健康，我们必须负责保护。已告上海潘汉年及伍云甫，在救济方面多给以经济和物质的帮助，在政治方面也须时时关照。"1947 年 3 月，中共撤离国统区，已先期返回延安的周恩来于 3 月 4 日致电张澜，委托民盟代管中共在国统区的所有财产。曾任民盟中央副主席的叶笃义回忆说："名为代管，其实是无偿赠与，中共的这一举动不但在物质上给予民盟很大帮助，同时在国内外影响上大大提高了民盟的威望。"曾长期在周恩来领导下工作的原中央统战部副部长童小鹏说："周恩来出的这个好主意，一是保留中共的合法产权，不让国民党没收；二是民盟的物质条件比中共困难，托民盟代管，实际上也是让他们使用。"就在周恩来致电张澜的同一天，他还指示董必武："京、沪特务甚注意章伯钧、罗隆基、史良三人，应告他们速布置香港退路"，充分体现了中共对民盟朋友的关心。1949 年 5 月，周恩来指示中共地下党全力营救张澜、罗隆基、史良等留沪民盟领导。在中共地下党组织的努力下，张澜等民盟领导死里逃生，与中共真诚合作，为建立新中国作出了贡献。

1946～1949 是中国共产党以高超的艺术开展统一战线工作，并取得辉煌成就的时期。回顾历史，总结经验，对今天不无启迪。六十多年前民盟前辈能够在中国共产党的感召下，郑重而又自觉地接受中国共产党的领导，走上了与中共亲密合作，共同建设新中国的道路。六十多年后的今天，我们应以老一辈为榜样，继承他们的优良传统，在中国共产党的领导下，坚定不移地走中国特色的社会主义发展道路，为实现中华民族的伟大复兴而共同奋斗。

说说民青和民盟的关系

1957 年以前，中国共产主义青年团的名称叫做中国新民主主义青年团，它是 1949 年参加新政协会议的十四个党派单位之一。对于这个组织的由来，当年它的首席代表冯文彬作过这样的说明："新民主主义青年团是从五四运动以后的中国社会主义青年团，一九二五到一九二七年的大革命时代和一九二七年到一九三六年的内战时代的中国共产主义青年团，一二·九运动时代的中华民族解放先锋队，抗战时期西北和华北等解放区的青年救国会，抗战以后东北的民主青年联盟，国民党统治区的民主青年同盟和民主青年联盟等革命青年组织发展而来，……"①

冯文彬讲到的国民党统治区的民主青年同盟（简称"民青"）和民盟有不解之缘。

1944 年 8 月，刚刚考入西南联大历史系的洪德铭经吴晗介绍与闻一多相识。洪德铭曾是新四军第二纵队三团政治处副主任，皖南事变中负伤被捕，被押送福建浦城残废军人教养院服苦役。

① 《五星红旗从这里升起》，文史资料出版社，1984 年 9 月，第 437 页。

1942年8月，在难友帮助下逃出虎穴。1944年5月辗转至昆明，因旁听西南联大历史课与吴晗相识。

是年11月，洪德铭等西南联大学生打算筹建一个青年组织，他们受在成都民主运动中生机勃勃的民主青年协会的启发，想给这个新建组织冠以"民主青年"四字，并推洪德铭、萧松等为发起人，洪德铭为召集人。据洪德铭回忆："我在与闻一多、吴晗多次接触中，估计他二人和党有联系，觉得不能错过机会，于是把我们建立秘密组织的计划向闻一多、吴晗作了详细介绍，他二人深表赞同。与此同时，经王念平介绍，联大法学院陈定侯、工学院何东昌也被邀请参加筹建工作。组织的名称按闻、吴先生建议，定名为'民主青年同盟'（简称'民青'）。十二月中旬一个晚上，闻、吴先生邀请我与陈定侯、王念平等座谈，交换意见。他二人除谈了举行护国起义二十九周年纪念大会和游行计划，要我们做发动工作和希望我们加入民盟外，还着重谈了筹建民青的问题。我们研究后决定不参加民盟，但决定以师生关系接受闻、吴两先生对民青的指导，在民主运动中拥护、支持民主同盟的政治纲领，同民盟和各民主党派密切合作，并由我向他二人作了说明，他二人都欣然同意了。他二人还告诉我，已将筹建民青的情况告诉了中共朋友（指华岗），得到了同意。在闻一多、吴晗的指导帮助下，民青的筹建工作进行得很顺利，到十二月下旬，第一批参加串连的同志增至三十人左右。其中西南联大学生二十多人，云南大学学生五人，东方语专学生二人，职业青年二人。"①

关于民青的建立，西南联大中共地下党负责人袁永熙曾讲过

① 《闻一多年谱》，群言出版社，2014年11月，第457页。

那么一段话："1944 年，联大的民盟每周举行一次座谈会。在一次座谈会上，吴晗提议成立'民主青年同盟'，参加座谈会的萧松对我说了这一情况后，我表示同意了，省工委书记郑伯克也同意了。"[①]事实上，郑伯克不仅表示同意，还作了"由党直接领导，民盟支持"的指示。[②] 于是，在李文宜居住的小楼里，周新民和洪德铭等几个青年起草了《民主青年同盟章程》。[③] 1945 年初，民青第一批成员举行会议，将宗旨确定为："团结民主青年，开展爱国民主运动，以实现新民主主义而奋斗。"将民青的性质确定为："政治性的民主青年的地下组织，接受中国最先进政党的领导，支持中国民主同盟的政治纲领，和民盟及其他民主革命党派密切合作。"会后，有人不赞成将"接受中国最先进政党的领导"和"以实现新民主主义为奋斗宗旨"的条文写入章程，并要求把民青明确定为隶属民主同盟的青年组织。吴晗和闻一多向洪德铭、陈定侯转达了这一意见，洪德铭当即以保持青年组织的独立性为理由，表明不能把民青定位民盟隶属组织的态度，至于其余意见，可提交代表大会讨论。闻一多听后，表示理解，还风趣地说："人各有志，不能勉强，你们讨论后按你们的意见办吧！讲民主就得尊重多数人的意见。"这天会谈时，吴晗再次提出希望洪德铭等加入民盟事，并给了他们入盟志愿表。洪德铭不置可否，直到 1946 年 2 月，在闻一多的动员下，洪德铭才以洪禾化名加入民盟。不久，民青在滇池船上举行第一次代表大会，修正通过了《民主青年同盟章程》和当前工作计划，选举陈定

---

① 《云南文史资料选辑》，第 31 辑，65 页。

② 《李文宜回忆录》，东方出版社，2004 年 8 月，第 260 页。

③ 《李文宜回忆录》，东方出版社，2004 年 8 月，第 260—261 页。

侯、洪德铭、严振、萧松、何东昌分任组织、宣传、联络、总务股长。民青执委会成立后，即经闻一多和吴晗向民盟云南省支部发出第一次通报书，并派洪德铭为民青与民盟联系的正式代表。与此同时，民盟云南省支部也书面通知民青，由闻一多、吴晗作为民盟与民青联系的代表(后又增加周新民)。①

事实上，民盟内部对民青与民盟的关系有争论。曾任民盟云南省支部组织部长的冯素陶回忆："民盟云南省常委会上对民青与民盟的关系有两种意见：一种意见认为民青与民盟的关系应该是共青团与共产党那样的关系，是被领导与领导的关系，民青是民盟的后备组织。另一种意见，则认为，青年人的路比我们走得远，不能把他们的政治生活局限在民盟这个范围内，他们在组织上应有相对的独立性，但在工作上要加强联系。争论的结果，多数人同意后一种意见。"②

1945 年 4 月初，陈定侯、洪德铭、严振等民青负责人向民盟云南省支部负责人通报有关情况。洪德铭回忆："通过盟员的活动，民青在联大、云大掌握了近三十个进步社团、壁报和大批系会、组会，因此引起了罗隆基、潘大逵的重视，他二人想按照他们的意图控制民青组织。四月初，陈定侯、洪德铭、严振三人应邀向民盟云南省支部当面介绍情况，地点在吴晗家中。民盟参加的有罗隆基、楚图南、吴晗、闻一多、周新民、潘大逵、尚钺等先生。首先由洪德铭汇报了民青成立经过，两个月来工作的情况，当时组织分布情况，及四五月工作计划。接着研讨了今后工作打算，气氛比较融

---

① 《闻一多年谱》，群言出版社，2014 年 11 月，第 466—467 页。

② 《云南文史资料选辑》，第 31 辑，64 页。

洽。最后罗隆基提出民青应向民盟定期汇报工作，提送成员名单。我当即表示可以定期汇报或书面通报工作情况，但以保守地下组织秘密、防止发生意外为理由，对提供民青盟员名单的要求就婉言拒绝了。潘大逵、罗隆基还对民青名称、宗旨提了不同意见，说'中国青年同盟'最好改为'青年民主同盟'，简称'青盟'，搞成民盟的从属组织。还说民青不要提'以实现新民主主义为奋斗宗旨'，只提为民主主义奋斗就行了。我当即表示民青章程是代表大会通过的，要做重大修改必经过代表大会。陈定侯说最近要开干部会议，总结研究工作，这些问题可在会上讨论。"

几天后，民青召开干部会议，职业青年小组负责人杜迈之（民盟盟员）、云大民青支部委员蒋阜南要求在章程上写入"接受中国民主同盟领导"，并将民主青年同盟改名为"青年民主同盟"，还建议入盟者只要宣誓拥护中国民主同盟的政治纲领即可。由于多数人反对，决定对此从长计议，现集中力量筹备五四纪念。其后，杜迈之、蒋阜南、孙政和退出民青，洪德铭将此事告诉闻一多，闻先生说："杜迈之真有点固执，太缺乏民主习惯了，你们按你们的意见办吧！修改章程是一个团体的大事，就是应该慎重嘛！"闻先生还答应给潘大逵、杜迈之作解释，以免影响团结。①

当时，西南联大正在召开学生代表大会，讨论对于国是的宣言，洪德铭说讨论时争论十分激烈，联大学生会负责人和民青负责人多次和吴晗、闻一多商量研讨，并向民盟云南省作了书面通报。

由于各印刷厂拒绝承印联大学生宣言，民青执委会决定创办一小型印刷所，得到闻一多、吴晗支持。洪德铭回忆："民青工人分

---

① 《闻一多年谱》，群言出版社，2014年11月，第476页。

部成员主要是印刷厂工人，人力是有条件的，但没有经济条件，我把这个打算向闻一多、吴晗汇报后，他俩极力支持，答应从民盟各位先生那里筹集资金。所差数目，是由闻先生用刻印报酬和他二人的稿酬补足的。”①

民主青年同盟的建立有力地推进了云南的爱国民主运动。1945年5月4日，在民青组织的参与和推动下，西南联大、云南大学、中法大学、英语专科学校四校学生自治会在云大操场举行“五四纪念大会”，到会者除大学生外，还有中学生、职业青年、新闻记者及盟国友人，共六千余人。大会进行中，天下起雨，有人到树下避雨，闻一多大声疾呼：“是青年的都过来！是继承五四血统的青年都过来！”“这雨算得什么雨，雨，为我们洗兵！”他呼吁：“这是行动的时候了，让民主回到民间去！”罗隆基、吴晗、潘大逵等相继演说，号召青年继承五四精神。会后，举行万人游行，队伍高呼“立即结束国民党独裁专政！”“建立联合政府！”“取消特务！”等口号，走过昆明主要街道。这是皖南事变后国统区出现的第一次群众示威游行。②

今年是著名的一二·一运动发生70周年。这个运动起始于1945年11月23日。当晚，包括民青负责人洪德铭在内的五位昆明学联成员来找吴晗、闻一多，商量25日晚举行时事演讲会的事。吴晗、闻一多说他们不参加了，建议请伍启元主讲。两天后，西南联大、云南大学、中法大学、英语专科学校的六千多个学生，在联大大草坪集合，钱端升演讲尚未结束，较大枪声响起。伍启元演讲

① 《闻一多年谱》，群言出版社，2014年11月，第477页。
② 《闻一多年谱》，群言出版社，2014年11月，第487页。

时,子弹从人群头顶掠过,电线被割断。在汽油灯下,费孝通站在主席台上,在呼啸而过的子弹声中,大声高呼:“不但在黑暗中我们要呼吁和平,在枪声中我们还要呼吁和平!”之后,潘大逵更是在枪炮齐作中完成了演讲。① 第二天,昆明《中央日报》竟以《西郊匪警,黑夜枪声》为题,对25日学生集会作诬蔑报道。昆明学联决定罢课,并成立了罢委会,推荐民青联大第一支部成员王瑞源为主任委员。11月28日,民青负责人洪德铭就罢课来与吴晗、闻一多商量。吴闻二先生十分担心学生的安全,力劝学生不要罢课。12月1日,大批暴徒手持凶器,袭击联大、云大师生,致使四人死亡,二十五人负伤,史称“一二·一”昆明惨案。当天深夜,洪德铭步履沉重地来到西仓坡联大宿舍与吴晗、闻一多见面,三人抱头痛哭。洪德铭回忆:“闻、吴先生说教授会的工作、民盟的配合、文化教育界的发动,由他二人负责,每天他二人向我介绍情况。民青、罢联有什么意见要求,可以委托他二人办理。我按照党的指示,把我们如何扩大、坚持斗争的部署向他二人作了汇报,他二人表示完全同意,全力支持。闻先生还说:‘大事不先和民青商量,决不随便向外表态。’末了,闻先生还说对举行烈士入殓仪式,灵堂布置,成立治丧委员会,法律委员会等方面,提出了具体意见。第二天罢联关于以上工作的安排、落实,都是按闻先生意见办理的。”②

经过一番周折,12月26日,昆明《中央日报》刊登梅贻琦、熊庆来对记者的谈话,披露了一二·一惨案的真相,并保证西南联大、云南大学将根据法律控告凶犯,免除李宗黄国民党云南省党部主

---

① 《费孝通传》,群言出版社,2011年6月,第224页。

② 《闻一多年谱》,群言出版社,2014年11月,第530页。

任委员、代理省长。当天，昆明中专以上学校罢课联合会宣布于12月27日起复课。

可以说，一二·一运动是民青在昆明的“绝唱”。

随着西南联大的迁移，民主青年同盟的活动中心亦转至北平。1949年4月，新民主主义青年团成立，民青成为它的组成部分。

回顾民主青年同盟的筹建和发展过程，可以说它与民盟云南省支部有十分密切的关系。从民青酝酿的那一刻起，由于中共云南省工委转入地下，以洪德铭为首的进步青年便自觉地找到他们的导师、民盟盟员吴晗、闻一多，接受了吴晗、闻一多的建议，将这个组织定名为“民主青年同盟”，并表示接受吴、闻两先生的指导，定期向民盟云南省支部汇报工作。虽然民盟与民青在一些问题上有不同的看法和争论，但民盟始终对民青有一种割舍不去的眷恋之情。就说罗隆基吧，在他提出“接受民盟领导”、“将民青改称‘青年民主同盟’”的要求遭到拒绝以后，依然关心民青。1946年1月，正在重庆出席旧政协会议的罗隆基，还建议民盟为民青争取两个国大代表名额呢。①

① 《闻一多年谱》，群言出版社，2014年11月，第560页。

民盟与大教联的关系

一　关于大教联成立的时间和地点

大教联的全称是“上海各大学民主教授联谊会”，用李正文先生的话来说它是“战斗在第二条战线的一支高级知识分部队”。1979年，蔡尚思在上海文史资料选辑第26辑发表文章，说大教联成立于1946年冬。当时他收到一个通知，请他去八仙桥基督教青年会参加一个聚餐会，到会的还有张志让、沈体兰、周予同等，他们讨论了当时的形势，认为有必要成立“上海各大学民主教授联谊会”。1986年陈仁炳在《纪念上海民盟四十周年》中撰文说大教联成立于1946年6、7月，是由张志让在重庆受周恩来指示发起成立的。

蔡尚思、陈仁炳曾是大教联领导机构七人干事会的成员，他们在大教联成立的时间和地点上为何说法不一？

为此，笔者查阅了《张志让自传》，在自传的第七部分，张志让回忆了大教联成立的经过：“我在重庆时常想到，各高等院校的左派和态度居中的教授，组织起来也是一股力量……我回到上海就认为联系各院校教授的工作可以开始，想向其他院校找一个大体上保持原有面貌的教授来共同发起，这样我们就找了圣约翰大学的教授沈体兰，他也欣然同意，我们另邀了几个院校的教授聚餐谈话，商定第一步联系的教授名单，分别约请于1946年9月间举行第一次教授聚餐座谈会，……后来称为教授联谊会(简称大教联)。”

漆琪生当年与张志让同在复旦任教，在他撰写的《大教联民主斗争概略》中有这样一段记述：“1946年夏，复旦大学准备迁回上海，教师分批回沪，当第一批动身前，张志让约部分教师交谈……有人提议回上海后，这种联系应保持，但希望能够扩大，邀请一些其他大学教授参加，……我与张同船回到上海，在船上，他告诉我曾家岩(中共办事处)支持回上海后扩大联系和活动，并嘱须加速进行等等。我们于1946年的中秋节前一日抵达上海，同住在西藏路的东方饭店，过了四天，即在中秋节后的第二日，张邀我回到九江路美商花旗银行楼上原清华同学会附设的西餐厅内午餐，……参加这次谈话的有沈体兰、曹未风、彭文应、洪深、张志让和我，大家一致赞同尽快成立‘上海大学民主教授联谊会’，分头邀约适当朋友参加。”

张志让是大教联的发起人，漆琪生亦参加过大教联的筹建，而蔡尚思、陈仁炳均未参与大教联的筹建，因此，笔者得出的结论是：大教联发起于重庆，成立于上海，成立时间应为1946年9月。

二　大教联的组织结构

对于大教联成员的人数，有两种不同的说法，蔡尚思、彭文应说一百余人，张志让、李正文则说八十余人。考虑到李正文是分工管大教联组织、掌握成员名册的干事，笔者认为应以李的说法为准。

大教联成员以复旦人数最多，有张志让、潘震亚、张明养、章靳以、洪深、周予同、顾仲彝、曹亨闻、马宗融、方令儒、卢于道、周谷成、陈子展、李炳焕、朱伯康、张明养、漆琪生、胡曲园、张孟闻、赵书文等，此外还有大夏大学的翦伯赞、吴泽、张文郁、陈旭麓，光华大学的曹未风、周熙良、吴逸民等，上海师专的孙大雨、戴望舒、程应镠，同济大学的许杰、郭绍虞、刘笃、杨烈，圣约翰的沈体兰、陈仁炳、潘世兹、沪江大学的蔡尚思、徐中玉，交通大学的陈维稷、郑大朴，暨南大学刘佛年、吴文祺、杜国庠，上海法学院的楚图南、彭文应等，李正文本人先后任教于大厦大学、中华工商专科学校、立信会计专科学校。

干事会是大教联的领导机构，每届干事均由全体会议以无记名投票方式选举产生。由于大教联是以每两周举行的聚餐作为全体会议的，到会人数多则三四十人，有时二三十人，所以笔者以为，大教联干事的选票恐怕难以超过全体成员的半数。

对干事会人数，张志让说五人，彭文应说九人，蔡尚思比较灵活，他说开始七人，后来最多不超过九人，李正文虽坚持说干事会由七人组成，但在回忆张志让的文章中，却记述了 1947 年夏大教联干事会改选后，一位落选人最后被补进干事会的事例。由此看来，大教联干事会的成员不只是七人。

据李正文、蔡尚思、彭文应等人回忆，张志让、沈体兰、李正文、郑太朴、蔡尚思、曹未风、彭文应、孙大雨、潘震亚、周谷城、刘佛年、许杰、夏康农、卢于道、马寅初、陈仁炳、董每戡、林穆光、张光亚等，以及解放时的陈望道、章靳以、张明养、陈逵、杨烈等都担任过大教联干事。

不少回忆文章说大教联干事会有主席、会长、总干事、主持人、召集人等职。但李正文告诉笔者，大教联没有主席、会长等职。沈体兰因分管接洽会场并主持聚餐活动，成为大教联名义上的主席，而张志让最具威望，重要决策均由他决定，所以成为大教联实际上的领导人。张志让、沈体兰离沪后，大教联干事会曾有一次改选。据漆琪生回忆，这次改选不仅将复旦成员担任的职务改由新参加的人负责，而且有人趁"张志让不在上海，提议另选主席"。对这次改选，彭文应回忆说："解放前半年左右，张志让、沈体兰、李正文、郑太朴四人去解放区，我因盟务忙，也提出辞职，共有五个缺额，补选孙大雨、林穆光、陈仁炳、张光亚等人，孙大雨担任干事会主席。"孙大雨在1949年8月5日给周恩来、董必武的信中，也谈及此事："在某次干事会上，我推定为干事会召集人。"

中共上海局十分重视大教联，1946年秋，李正文受张执一同志的指派参加大教联，并被推选为干事，他定期向中共上海局统战委员会请示汇报，然后以直接或间接方式，将党组织指示传达给他所联系的大教联成员。对李正文的身份，张志让、沈体兰心照不宣。

三 民盟与大教联

说起民盟与大教联的关系，有人就会想到沈体兰，其实沈体兰参加民盟是在解放以后，具体时间为1951年6月，因此，沈体兰在大教联中所起的作用与民盟并没有关系。有的回忆文章，还误将周谷成、周予同、胡曲园、潘世兹、张文郁、朱伯康等作为大教联的民盟盟员，其实这些人参加民盟都在建国以后。即使如此，大教联中的盟员人数仍不少于三十人，约占大教联成员总数的40%。其中七人先后担任过大教联干事，他们是郑太朴、彭文应、陈仁炳、孙大雨、许杰、董每戡、林穆光。七人中郑太朴的情况比较特殊，早在1922年，郑太朴已经加入中国共产党，1930年8月国民党临时行动委员会第一次全国干事会议上，郑太朴被推举为中央干事、中央组织委员会主任，是农工民主党早期的主要领导人之一。民盟成立后，经章伯钧、王绍鏊介绍加入民盟。民建成立后，经黄炎培动员，加入民建，任常务理事。大教联成立时，郑任教于交通大学，是著名的数学教授。1949年初，郑太朴应中共邀请离沪经港去北平参加政协会议，登船之际，因脑溢血猝然去世，后被人民政府追认为革命烈士。

民盟成员中最参加大教联的是彭文应，1946年9月，彭文应就参加了大教联第一次聚餐活动。这以后，他被选为大教联干事，曾与张志让一起负责大教联的财务工作，经他介绍，孙大雨于1947年春参加了大教联。孙大雨是大教联最活跃的成员之一，他草拟的给美国特使魏德迈的揭露蒋介石政府贪污、腐败以及法西斯暴行的备忘录和《我们对世界和平的意见》，在当时都曾有过相当的影响。虽然孙大雨身上确有恃才放达、傲睨一世的缺点，但无论如何，他敢于在白色恐怖中出头露面，坚持斗争，实属难能可贵。

回顾大教联的历史，我们不难得出这样的结论：民盟与大教联有着不可分割的关系，不论从人数还是从作用上来看，民盟在大教联中都有举足轻重的作用。

1958 年的“西湖佳话”

西子湖畔有个刘庄，原是晚清广东香山富绅刘学询的私人别墅。五十年代扩建后成了浙江省第一招待所。毛泽东是这里的常客。

1958 年 1 月 4 日，毛泽东派专机把周谷城、谈家桢、赵超构接到刘庄，谈天说地，一聊就是几个小时。分手时，毛泽东笑曰：“我们这样的聚会，也可称得上是段‘西湖佳话’了”。多年后，赵超构在回忆这一段往事时，把它叫做“西湖夜谭”。他说：“毛主席博古通今，他讲话的范围非常广泛：生物遗传问题、逻辑问题、哲学、文学问题等等，都很专业。他对我讲的还是前一年的春天在全国宣传工作期间提到的片面性、形而上学在宣传工作中的表现，要我分清一个指头和九个指头的关系，一定要看到成绩。要两点论，不能只攻其一点。他给我讲解了宋玉的《登徒子好色赋》，讲得幽默有趣：‘登徒子娶了一个丑媳妞，蓬头垢面，豁唇缺齿，双耳卷曲，瘸脚驼背，满身疥疮……，不是很难看么，登徒子喜欢得着了迷，跟她生了五个儿子，还没个完。’说到这里，主席谈锋一转，又说：‘登徒子对丑媳妇忠贞不贰，是模范遵守《婚姻法》的人。宋玉却说他好色。

宋玉用的就是攻其一点，不及其余的方法’。”

毛泽东为什么要和赵超构讲这些话呢？

1956年11月2日至21日，毛泽东第二次访问苏联。和第一次访苏不同，苏共这次对他很尊重，用杨尚昆的话来说，就是“毛主席在各方面起了决定作用。”与此同时，毛泽东强烈地感受到中国经济落后造成的压力和束缚。12月8日，他在中南海颐年堂召集民主党负责人和无党派人士座谈，介绍访苏情况，同时向他们通报了关于在十五年内赶超英国的设想。12月12日，《人民日报》又发表了题为《乘风破浪》的社论，这是根据毛泽东访苏期间多次讲话精神写的。社论再次强调“多、快、好、省”的方针，并提出了“鼓足干劲，力争上游”的口号。1月4日的那个晚上，毛泽东问周谷城：“《人民日报》社论看了吗？”周谷城回答：“看了，中心就是八个字——鼓足干劲，力争上游”。毛泽东笑道：“归纳得好！”

1月6日，毛泽东飞抵南宁。1月11日，他在中央工作会议（史称南宁会议）上说：“不要提反冒进这个名词，这是政治问题。首先没有把指头认清楚，十个指头，只有一个长了疮，……一个指头有毛病，整一下就好了。”“没有搞清楚六亿人口的问题，成绩是主要的，还是错误是主要的？是保护热情，鼓足干劲、乘风破浪，还是泼冷水泄气？”“破破烂烂的一个中国，蒋委员长二十四年只搞了四万吨钢，理应失败”。第二天，他继续批评反冒进，说：“右派进攻，把一些同志抛到和右派差不多的边缘，只剩五十米，慌起来了。什么‘今不如昔’、‘冒进的损失比保守的损失大’”，说到这儿，他话锋一转，讲到宋玉写的《登徒子好色赋》，说他们用的都是一个方法，叫做“攻其一点，不及其余”。1月14日，他在讲话中再次强调要注意九个指头和一个指头的区别，并说“攻其一点，不及其余”，这种做法历史上吃过大亏。教条主义这样搞过，因小失大。1月21日，毛泽东在作总结讲话时又提到一个指头和九个指头的关系问题，说：“九个指头和一个指头有区别，这件事看来简单，许多人却不懂得。要宣传这种观点。”

看似随意的“西湖夜谭”并不随意，毛泽东在刘庄对赵超构讲的话，就是他随后在南宁会议上反复强调的。

读《费孝通传》有感(一)

有一个基层盟组织让我讲一讲费老,可我对老人家了解不多,恰好手上有本群言出版社出版的《费孝通传》,是几年前作者送给我的。细细一读,感叹颇多。

就说费老和民盟的关系吧。1991 年,为了纪念民盟成立 50 周年,群言出版社出版了一本《我与民盟》的纪念文集,其中有费老的文章,文中说:“我和民盟是什么时候发生关系的呢?这个问题却不那么容易回答。每次填写履历表时,在这个问题上我总是得踌躇一番。”有人走马观花,竟用嘲笑的口吻说:“一个民盟中央主席,竟然不知道自己是什么时间加入民盟的。”其实,他只要耐心读下去,这样的话恐怕就不会冲口而出了。费老在这篇文章中是这样解释他为何不容易回答自己入盟的准确时间的:“那时参加一个政治组织和现在人们所熟悉的那一套是不完全相同的。填表申请那些手续当时被看成是一些形式。说这些是形式就带有无足轻重、可有可无的意思。政治组织在我们那时候是一种道义之交,握手成誓,用不着形式”,“像民盟那种知识分子的政治组织开始时多少还没有完全脱离传统的结社模式,尽管向共产党学得了一些组织方面的现代办法，这些办法在当时知识分子的心目中似乎并不看得那样重要。”

那么，费老究竟是什么时候参加民盟的呢？按《费孝通传》的说法，应该是1945年，书中还引用了1988年北京师院出版社出版的《费孝通学术精华录》中的原文：“访美归来，国内政局日趋紧张，我忧心国事，1945年由潘光旦先生介绍参加中国民主同盟，投身爱国民主运动。”但与1991年群言出版社出版的《我与民盟》中费老的文章一对照，问题来了：“记得1944年秋天之后，我和民盟的关系又进了一步。那时潘（光旦）、闻（一多）、吴（晗）三位同志住到昆明城里来了，我不久也搬回城里，住在云大。我们之间的往来从此更多了。楚图南、尚钺和潘人逵等同志原是云大的同事，我那时也知道是‘自己人’了。《民主周刊》有个办事处，离我们的住处很近，大家碰头见面的机会更密了。冯素陶同志就是那时相识的。我也被社会上认为是盟员，自己也就以盟员自居了。”再读《云南民盟大事记》，毛病大了：“1944年10月1日，昆明支部召开盟员大会，决定改‘中国民主政团同盟昆明支部’为‘中国民主同盟云南省支部’通过了《民盟云南省支部执行委员会组织简章》，选举罗隆基、潘光旦、周新民、潘大逵、李公朴、闻一多、楚图南、吴晗、费孝通为委员。”诸位看清楚了，白纸黑字：费孝通是1944年秋入盟的。看来记忆这个东西靠不住，天长日久，它会犯错误的。

既然费老是1944年秋入盟的，那他对自己入盟“握手成誓”、“用不着形式”（指填写表格）就当另作解释了。据原民盟中央副主席李文宜（1943年10月入盟，1945年10月当选民盟中央委员）回忆：民盟一大（1945年10月在重庆举行）以后，“民盟的组织工作比民主政团时期更大有改进，要求入盟的人多了。为了防止汉奸、特务混进民盟从内部起破坏作用，民盟组织部制定了入盟申请表，有复杂历史情况的，要写自传，经审查批准后，再宣誓入盟。这就不像前阶段，只要是谁的朋友，就可不经任何手续加入民盟”。

弄清了费老入盟的时间，我们再看看费老入盟的动机。本来费老是个群而不党的人，是什么原因促使他改变初衷的呢？《费孝通传》引用了1988年出版的《费孝通学术精华》中的一段话："访美归来，国内政局日趋紧张，我忧心国事，1945年由潘光旦先生介绍参加中国民主同盟。"但我更喜欢费老1999年回忆他入盟时说过的那一段话："我们民盟是从爱国两个字上长出来的。当时没有别的理由，就是觉得再那么下去不行了，要当亡国奴了，要救亡，所以加入了民盟。"这话说得特别有味道，尤其那一个"长"字，让我想起多年前读过的《雪浪花》中的那个"咬"字："这岩石是浪花咬出来的。"在用字上，费老和散文大家有异曲同工之妙！

上世纪四十年代，在费孝通的记忆里是刻骨铭心的。2000年3、4月间，费老重访吴江。期间，他与上海大学的朱学勤教授长谈三日，旧话重提，再一次说起他入盟时的那个年代："我那时是知识分子的头头，经常发表政论"，"那时是我的社会活动、我的思想的高潮，是民主、人权"，"一直到西柏坡，我去参加。第一次看到毛泽东，我佩服他。"

费老清楚地告诉我们：1949年1月去西柏坡见毛泽东之前，他的思想是"民主、人权"，和毛泽东见面后费孝通思想发生了变化，其中有什么奥妙呢？姑且留存，听下回分解吧。

读《费孝通传》有感(二)

上回咱们说了费老入盟的时间和动机,还谈到了费老的思想转变。

费老自己说他的思想转变是在 1949 年初去西柏坡见毛泽东之后。对于这次会见,费老在文章中几乎不提,到是 2000 年和朱学勤长谈时说了不少:“我讲讲我的政治历史。最早开始是在西柏坡,那时民盟里面同我比较熟的是张东荪”,“他带我一同到西柏坡”,“第一次看到毛泽东,我佩服他”,“他讲得好啊,中国知识分子还是他呀,他的诗、词、文章多漂亮啊。”看来,费老的思想转变是和毛泽东的个人魅力有关系的。这里,我们可以拿他和金岳霖作一对比。解放初,金岳霖有点迷惘:我这么一个和马克思主义风马牛不相及的人,能为新中国做点什么呢?他心里空空荡荡的,甚至打算摆个烟摊,聊度余生。就在这时,他在中南海见到了毛泽东。毛泽东说:金先生,你搞的那一套还是有用的。金先生很开心。不久,便出现了他在清华园带头开设马克思主义大课并刻苦攻读俄语的那一幕。

当然,费老的思想转变也不是没有前兆的。去西柏坡之前,费老同中共北平地下党就有过密切合作，后来他回忆说："我对共产党人有积极的印象，因为他们爱国又能吃苦"，"甚至在共产党实际进入北平之前我们就已经和他们的地下组织密切合作。我们同他们完全没有摩擦。"

在现有不多的对费老思想转变的分析文字中，都没有提到青少年时期家庭和社会环境对他的影响。《费孝通传》中有这样的情节：辛亥革命爆发后，费孝通的父亲费璞安即以吴江县议会议长的身份召开民众大会，宣布吴江光复并声明今后政权改为民主，一切政事取决于人民；母亲杨纫兰创办了吴江历史上第一个幼儿园；大哥费振东 1926 年加入中共；二哥费青是吴江县第一个共产主义青年团团小组的组长。费老本人也是个热血青年，五卅运动时，他曾上街游行，当时他最喜欢的文学作品是创造社的。2000 年，费老在回答朱学勤"像先生这一代的人，后来被左翼吸附过去，有很多原因，其中一个原因是不是跟青少年时期受左翼文学的影响有关系"这个问题时，明确地说："有，要求进步啊！"

当年促使费老思想转变的另一个重要因素是人心向背，2000 年在与朱学勤长谈时，费老把它称为"张力"。在结束西柏坡之行以后写的《我这一年》中，费老为我们描述了这个"张力"："卡车在不平的公路上驶去，和我们同一方向，远远近近，进行着的是一个个、一丛丛、一行行，绵延不断的队伍。迎面而来的是一车车老乡们赶着的粮队，车上插了一面旗，没有枪兵押着；深夜点了灯笼还在前进，远远望去是一行红星——这印象打动了我，什么印象呢？简单地说：内在自发的一致性。这成千成万的人，无数的动作，交织配合成了一个铁流，一股无比的力量。什么东西把他们交织配合的呢？是从每一个人心头发出来的一致的目标，革命。我曾参观过英国海口军舰的行列,也曾目击过大战时非洲盟国空军基地的规模。那时却并没有这次在黄土平原上看粮队时的激动。从前者只能知道力量之巨大,从后者才能明白力量之深厚。这里有着基本的差别,形式和内容的差别。巨大的形式可以僵化不灵,深厚的内容却会发展生长。像我这种没有积极参加过革命行列的知识分子对于潜伏着深厚的活力是陌生的,不熟悉的,甚至是不易理解的,因之,对于历史的发展没有把握,对于人民的翻身也缺乏信心。……这一次旅行给了我一个当头棒喝。知识分子的缺乏信心,其实只是反映出中国资产阶级的懦弱无能罢了。经过百年来革命斗争锻炼的人们并不是这样的。依靠了这一片黄土,终于把具有飞机大炮的敌人赶走,这只是深厚潜伏着的力量的一个考验,就是这个力量同样会把中国建设成为一个在现代世界中先进的国家。当我看到和接触到这个力量时,我怎能不低头呢?"

在《费孝通传》中也有对费老四十年代末思想转变的分析,作者引用被他称之为"对于西南联大时期的知识分子做过深入研究的"谢泳的观点:"费孝通本人的思想,虽然在四十年代末给人留下了向左转的倾向,但当时费孝通的左转并非走向政治的操作,而依然是自由主义知识分子天性的流露,他的左转只是偶尔顺应了某一在野的政治势力","暂时认同了在野政治势力的某些主张,"至于原因,谢泳说:"由于过分痛恨执政党的腐败和极权。"

对此种说法,我不以为然。

把"四十年代"和"某一在野的政治势力"弄到一块,让人看着别扭。谢泳说的"四十年末"应该是 1949 年吧。那个时候国民党政权用日薄西山都算抬举它了,人民解放军在全国的胜利指日可待,把此时的中共称为"某一在野的政治势力",无论如何也是不恰当的。将费孝通上个世纪四十年代末的思想转变和“偶尔顺应”、“暂时认同”这样的词连在一起未免太轻浮了吧。事实上，直到2000年，已是九旬老人的费孝通在与朱学勤长谈时，还充满感情地说起“四十年代末，到西柏坡，我去参加，第一次看到毛泽东，我佩服他”，“他讲得好呀，中国知识分子还是他呀。”至于谢泳十分器重的自由知识分子，费老的评价不高，说：“我对这个队伍看不大起”，“要靠这些人，中国起来，不行。所以寄希望于毛泽东。”对这样一位九旬老人发自心内的话用“偶尔顺应”、“暂时认同”妥帖吗?!

话说到这里，我忍不住要对《费孝通传》的作者送给谢泳头上的“对西南联大时期的知识分子做过深入研究”的那顶帽子说几句。在谢泳笔下，西南联大政治系教授钱瑞升竟成了出席1946年1月在重庆召开的政治协商会议的代表；1945年11月25日在西南联大、云南大学等四校学生自治会联合举办的“反内战时事讲演会”上演讲的费孝通的身份竟然是“无党派人士”。钱瑞升不是重庆政协会议的代表，他怎么参加？倒是民盟给了他一个头衔“政协代表顾问”。费孝通1944年秋就是民盟盟员了，当年10月，他还被选为民盟云南省支部委员，怎么到了1945年竟成了“无党派人士”？由此看来，“对西南联大时期的知识分子做过深入研究”这顶帽子，对谢泳先生来说是盛名之下，其实难符。

读《费孝通传》有感(三)

要准确评论没有亲身经历过的人和事是很不容易的,就说被《费孝通传》作者称作“对西南联大时期的知识分子做过深入研究”的谢泳吧,他把上个世纪四十年代末费老思想转变的原因说成是“由于过分痛恨执政党的腐败和极权。”

说实话,“过分痛恨”这四个字让我觉得刺眼。

谢泳说的那个“执政党”当然非国民党莫属了。那么,费老和国民党的关系究竟如何呢?

1928 年,东吴大学附属一中出版了毕业纪念刊,取名《水荇》,其中有费孝通写的四篇文章。时隔五十九年,当费老再次读到当年写的这几篇文章时,竟不大相信是自己的手笔:“我怎么会在走出少年时代时留下这样灰色的脚迹的呢?再一想,那是可以理解的。我在中学毕业的那一年正是 1927 年。1927 年白色恐怖笼罩江南。许多和我一起兴高采烈地欢迎北伐军进苏州城的青年朋友,就在这一年里,失踪的失踪,被捕的被捕,死亡的死亡。逆风猛烈的震撼刚踏进青年时代的心灵,这里流出了一片片灰溜溜的‘水荇’。是泪还是血,很难说。”因此,一直到四十年代的前几年,费孝通和国民党没有往来。1943 年，费孝通应邀赴美交流学术，按当时的规定，必须到国民党“中央训练团”接受“政治训练”，这样才有了他和蒋介石第一次也是唯一一次见面。晚年，他回忆说：“当时初访美国，叫我去‘中训团’，我本来不去，后来讲价钱，我去了一个星期，到一到算了。这一星期里面，蒋介石请我们吃饭，跟我们谈话。他问我：费先生读什么书呀？我说我读我这一行的。他说你得学点中国东西呀，我说我中国东西不通。我不要他拉呀，我根本看不起他，因为从我大哥开始，都是反国民党思想的。”

费老讨厌蒋介石的原因，除了 1927 年的痛苦记忆和大哥费振东的影响，就是谢泳说的那个“执政党的腐败和极权”了。

早在 1941 年 12 月，昆明就因“洋狗事件”引发了倒孔学潮，孔祥熙的丑行让后来跟着蒋介石跑到台湾去的傅斯年都看不下去，在国民参政会公开倒孔。1942 年 8 月 14 日在日记中写下“对政府尽可以善意批评，而绝不可含怨恨”的黄炎培，一年之后再也抑制不住心中的怒火，在 1943 年 2 月 18 日的日记中愤然写道：“政治日趋黑腐，今日之会（国民参政会）分三幕：上午叫嚣愤骂，不负实责；下午粉饰升平，不求实际；傍晚市府之会，补苴罅漏，无关大体”。与此同时，正在贫困和饥饿之中挣扎的知识分子，听到的却是蒋介石以有辱民族尊严为由，断然拒绝美国援华会资助中国教授的消息……。这一切，让费正清得出这样一个结论：1943 年，“蒋介石开始丧失民心”，“我想做的正是中国共产党正在做的事情——不激进无以成事”。

难道这位金发碧眼的“中国通”得出的结论，也是出自“对执政党腐败和极权”的“过分痛恨”？

如果说 1943 年的政治黑暗让知识分子感到窒息的话，那么

1946年昆明街头的枪声已让这种窒息演变成了肉体上的公然消灭。如果此时此刻，把腥风血雨中的费孝通换作谢泳，他还会写出“过分痛恨执政党的腐败和极权”这样的文字嘛！

事实上在经历了那一段腥风血雨后，费孝通并没有“过分痛恨”。2000年，他在回答暗杀闻一多是否是蒋介石下令的问题时说：“我想是底下的人做的，没必要嘛。”费老可能不知道，李闻血案发生前的一个月，蒋介石在他的官邸召集会议，公然说：对民盟不必姑息，罗隆基、沈钧儒、章伯钧应施打击。企图讨好老蒋，让其兼任云南省主席的云南警备司令部司令霍揆彰通过陈诚得到了这个消息。不久，昆明街头便响起了罪恶的枪声……

据我所知，费老生前并不知道这一史料。尽管如此，经过李闻血案，费孝通对蒋介石的印象只剩下两个字：流氓！2000年，他告诉朱学勤：蒋介石“就是个流氓，上海的黄金荣。是个厉害的流氓，大流氓。他用低下手段，用的是邪的一面。”

在经历了那样的腥风血雨后，我们能要求费老对蒋介石和他领导下的那个国民党作出怎样的评价呢？

清明:让我们在缅怀中传承

3月31日,《新民晚报》第1版一则青年学子祭扫英烈的消息,引起了民盟浦东区委的关注。4月20日,浦东青年盟员支部的成员来到世纪公园,向园内的李白等十二位烈士纪念碑敬献鲜花,祭扫1949年5月7日,在浦东戚家庙牺牲的十二位英烈。这十二位英烈中,就有我们的盟员郑显芝、焦伯荣。

回眸历史,在黎明来临之前的黑暗中倒下的民盟英烈有100多位。其中,李公朴、曾伟、赵寿先、虞健、郭莽西、刘启纶、郑显芝、焦伯荣安眠于上海龙华烈士陵园。2008年的春天,民盟上海市委与龙华烈士陵园合作,将龙华烈士陵园作为上海民盟第一个传统教育基地,拉开了民盟上海市委以教育基地为载体,对广大盟员,特别是青年盟员进行民盟优良传统教育的序幕。

2010年谈家桢先生诞辰100周年之际,民盟市委为谈老铜像举行揭幕仪式。目睹四百多位盟员手持鲜花,伫立像前,共同缅怀这位杰出的民盟领导人、著名的遗传学家,出席仪式的中共市委统战部长杨晓渡感叹不已。在参观人文纪念馆时,人们看到了赵超构、冯英子、蒋月泉等人的图片和遗物。从此，这个滨临东海的古园，成为上海盟员祭扫先贤的场所。

民盟上海市委建立教育基地开展传统教育的举措，引起了民盟中央的重视。2010年清明前夕，二百多位盟员聚集青浦福寿园，在原民盟中央主席费孝通亲笔题词的“救国会七君子纪念群像”前，纪念杰出的法学家、民盟领导人史良女士诞辰110周年。此情此景，给专程来沪参加活动的民盟中央副主席李重庵留下了难忘的印象。他动情地说：“上海的工作做得很好。用建立教育基地的方式来开展民盟优良传统教育，这个经验值得借鉴。”在他的指示下，民盟中央网站以《上海的经验借鉴》为题，对上海以建立传统教育基地为载体对盟员开展民盟优良传统教育的举措进行全面介绍。

多年来，以重大事件、重要人物为契机，开展丰富多彩的纪念活动是民盟上海市委的一大亮点。至今，参加过纪念上海解放60周年活动的盟员，对当时的场景记忆犹新。那一年的春天，在安眠着李公朴等八位民盟英烈的上海龙华烈士陵园，在曾伟等四位民盟烈士壮烈牺牲的闸北，在黄竞武烈士牺牲之地浦东川沙，民盟市委分别举行纪念活动。当近百位盟员步入川沙烈士陵园，当他们伫立黄竞武烈士陵前，当他们聆听烈士的事迹，无不为之动容。这位民盟第一任主席黄炎培先生的次子，1929年毕业于哈佛大学的经济学硕士，在黎明即将来临之际，对他的亲兄弟说：我不走，我要留下来工作。他收集国民党“四行二局”的情报，他揭露当局偷运黄金美钞的罪行，他策反税警团起义。上海解放后的第7天，人们从上海南市南车站路原保密局操场挖出的一堆尸体中，找到了手足残断、指甲俱脱的黄竞武……那一天，天空阴沉，不时飘着雨点。

站在烈士陵前，一种“生当做人杰，死亦为鬼雄”的浩然之气，在每一个盟员的心底激荡。

“清明时节雨纷纷，民盟盟员肃穆行。借问先贤何处有，行家遥指龙华陵。”清明前夕，一群新入盟的青年走进上海龙华烈士陵园，在祭扫了李公朴等八位民盟英烈之后，来到陵园中心的主题广场，举起右手，庄严宣誓：“我自愿加入中国民主同盟，拥护盟的章程，执行盟的决议，愿为中华民族的伟大复兴而努力奋斗！”此时此刻，他们炯炯的目光里，闪烁着民盟精神的火花。

窑洞对:黄炎培留给我们的精神遗产

1945 年 7 月 1 日至 5 日,民盟先贤黄炎培与褚辅成等六位国民参政员千里迢迢飞抵延安,演绎了一个流传至今的精彩故事。故事的高潮出现在 7 月 4 日的那个下午,在毛泽东居住的杨家岭窑洞,黄炎培就跳出历史周期率与毛泽东的那个著名对话,史称"窑洞对"。

七十年过去了,"窑洞对"魅力依旧。2012 年 12 月 27 日,中共中央总书记习近平走访八个民主党派中央,在民建中央,他重提"窑洞对";2015 年 3 月 4 日,中共中央政治局常委、中纪委书记王岐山在参加全国政协民建和无党派联组会议时再提"窑洞对"。一时间,"窑洞对"成了媒体关注的热点。

为什么中共领导在民建讲"窑洞对"呢?理由似乎很充分,黄炎培是民建的主要创始人。可问题是黄炎培访问延安时,民建这个"胎儿"尚未孕育。根据黄炎培本人的日记,他孕育民建这个政党的时间是 1945 年 8 月 21 日。那天,黄炎培和杨卫玉一起走访迁川工厂联合会理事长胡厥文,他们痛感抗战"胜而不利",决定发起组织一个工商界的政治团体。经过四个月的筹备,民主建国会于是年 12 月 16 日在重庆白象街实业大厦正式成立。从时间上看,

“窑洞对”发生在民建酝酿之前，和民建没有什么关系。事实上黄炎培访问延安时是民盟的主要领导人，与他同行的民盟中常委还有左舜生、章伯钧、冷遹。对于这次访问，民盟内部有不同意见。以罗隆基为代表的民盟第一个地方组织云南省支部公开表示不满，他们说本来咱们应该和中共站在一起要压迫蒋介石在实施民主上让步，可你们却要去延安给老蒋当说客。6 月 28 日，他们让常任侠带了一封信到重庆，当面劝阻黄炎培不要给蒋介石当说客。黄炎培说：“我们不是和事佬，我们是有主张的。”黄炎培他们从延安归来，民盟开了一个盛大的欢迎大会，听完黄炎培、左舜生的介绍，主持这个大会的民盟主席张澜说：延安怎么样？美妙得很。一个月后，毛泽东飞抵重庆与蒋介石进行和平谈判，张澜对毛主席说：“你们当坚持的，一定要坚持，好为中国保持一些干净土。”

一定要讲“窑洞对”和党派的关系，我以为它和民盟更有缘分。

今年是“窑洞对”70 周年。七十年后的今天，我们这些后生晚辈应当如何看待“窑洞对”呢？要回答这个问题，我以为先得从黄炎培这个人说起。大家知道，黄炎培是民盟第一任主席，可他为什么担任主席仅半年就辞职了？说穿了就是怕得罪蒋介石。虽然老蒋时常把黄炎培召进官邸吃个饭，但在老蒋面前，黄炎培是不会讲诸如如何走出周期率之类的“诤言”的。可在延安不一样，用黄炎培的话来讲，“如坐春风之中”。因此，这个“内圆外方”的老人，能够当着毛泽东的面讲：“一部历史，‘政怠宦成’的也有，‘人亡政息’的也有，‘求荣取辱’的也有，总之没有能跳出‘其兴也渤焉’，‘其亡也忽焉’这个周期率。我看你们就是希望找出一条新路，来跳出这个周期率的支配。”如此看来，“窑洞对”是需要背景的：一方面你得让人家说话，另一方面你得讲真话。习总书记之所以重提“窑洞对”，讲的就是这个意思。在朋友面前，我们应该向黄任老学习，讲真话，做净友。

当年，面对黄炎培的提问，毛泽东的回答掷地有声："我们已经找到了新路，我们能跳出这周期率。这条新路，就是民主。"在争取民主的过程中，民盟与中共携手合作，并肩战斗，涌现出以李公朴、闻一多为代表的民主战士，为建立一个民主、和平、独立、统一的新中国作出了重要的贡献。如今，作为参政党，我们更应该在中国共产党的领导下，义不容辞地为建设一个富强、民主、文明、和谐的中国而奋发努力。

民盟是个参政党，怎样才能履行参政议政、民主监督和中国共产党领导下的政治协商职能呢，"窑洞对"是一个启示。众所周知，黄炎培是个教育大家。上个世纪初，他是浦东中学的校长，中华职教社就是他 1917 年在上海发起的。当年在延安，大学教授范文澜一见黄炎培便深深一鞠躬，说他是浦东中学第一班的毕业生，黄先生亲自教过他。以黄炎培的资历，他大可去延安学校转一转，写一份高质量的调研报告，毛泽东、刘少奇等中共领导人也一定会在这份报告上作几点重要批示。可黄老先生是民盟的领袖呀，他当然要讲政治。所以他和毛泽东谈国共两党关系，谈中共怎么跳出周期率的支配。其实，这也是当今中共对民盟的要求。2012 年 12 月 10 日，中共中央政治局常委张高丽在民盟第十一次全国代表大会上致辞时就曾指出，希望民盟在参政议政方面"增强大局意识、战略意识"。七十年前黄炎培就如何跳出周期率与毛泽东的"窑洞对"，不正是"大局意识、战略意识"最好的表现吗？

有人将这个"窑洞对"与传诵千古的《隆中对》相媲美，称之为"千秋窑洞对"。这种神来之笔，对当今我们怎样履行参政党职能，是一个范例。

今天，让我们缅怀那些不曾逝去的名字

1999年初夏的一天，年近九旬的费孝通走进纪念曾昭抡诞辰100周年座谈会场。发言时，他动情地说："我们民盟也是从爱国这两个字上长出来的。我和曾先生差不多同时进民盟，都是四十年代。进民盟没有别的理由，就是爱国。当时我们觉得，再那么搞下去不行了，要当亡国奴了，要救亡，所以要加入民盟。"

费老的话，让我想起了当年为抗日救亡而奔走呐喊的民盟先贤。

1931年春，黄炎培东渡日本考察教育。一天，他从书摊上偶然买到三本暴露日本军部侵华计划的书籍。回到上海，他立即在《申报》上发表文章：日本军阀、政客、资本家们正张开血盆大口，"从前为的是满蒙，现在呢，黄河以北，全是他们馋涎所及呀！"5月29日，蒋介石派部力子把黄炎培叫到南京谈话。黄炎培带着那三本书去见蒋介石。听完黄炎培的陈述，蒋不置可否，让黄去找外交部长王正廷。王正廷一见黄炎培大笑道："如果你黄炎培知道日本要打我，日本还不打我哩！如果它日本要打我，你黄炎培怎样会知道呢？"不到四个月，日本轻而易举地侵占东北，黄炎培愤然道："吾国方面，只办得六个大字：无准备，不抵抗。”

就在黄炎培为国民党对日“无准备，不抵抗”愤愤然时，另一位民盟先贤彭文应正在为王造时创办的《自由言论》撰写抗日文章。在题为《剿民乎？剿匪乎？》一文中，彭文应慷慨陈词：“先剿匪，后抗日，这是两年来政府坚持不变的政策。国可亡，地可失，日本可以放过，帝国主义可以携手，但共产主义必须铲除，政敌必须消灭。……几年来倾政府的全力，集全国的精锐，调兵数十万，转战数百里，兵力不可算不厚。飞机、大炮、兵舰，凡是杀人的利器无不用；直捣、横攻、包围、封锁，凡是作战的方法无不行。器械和方法无不算不精。猛将如云，谋臣如雨，军长临阵，总座亲征。计划不可算不周；决心不可算不坚。一次、二次、三次，一年、二年、三年，时间不可算不长，机会不可算不多，但结果呢？‘匪兵’一天一天加大，‘匪众’一天天加多。……当然，政府所号召的是剿匪。匪是人类的公敌。匪难道可以不剿？剿匪又谁能反对？不过我恐怕政府诸公认错了题目，因此作错了文。……如今政府所剿的，所要亟亟消灭的，并不是南京巷中的小窃，租界掳人的绑匪，贪赃枉法的贪官，卖国失地的国贼。如今政府所剿的，所要亟亟消灭的，乃是信仰马克思、服膺列宁的青年，赞成土地公有，产业国营，打到帝国主义的一部分人民，和无数穷苦无告、无路可走、被逼而要求生活的工农、失业同胞。”和彭文应一起呐喊的还有大名鼎鼎的陶行知先生。尽管国民党对他的通缉令尚未取消，在沪隐居的陶先生依然在《申报》副刊《自由谈》上撰文，猛烈抨击蒋介石“攘外必先安内”的主张，提出“安内必先攘外”。写到这里，我想作一点说明。几年前，央视播放过一部电视剧，把黄炎培说成了“八君子”。据我所知，1936 年 11 月 23 日凌晨，国民党当局派出了八个抓人小组，因陶行知在国外，幸未逮捕。沈钧儒后来说：倘若陶行知在国内，一定和我们在一起，“七君子之狱”就成“八君子之狱”了。

7月15日，民盟市委和中共上海党史学会、福寿园共同举办了纪念七君子发起抗日救亡运动活动。为什么选择这一天呢？因为1936年7月15日，沈钧儒、章乃器、陶行知、邹韬奋联名发表了《团结御侮的几个基本条件和最低要求》，主张国民党联合包括中共在内的全国党派，共同抗日。当年8月10日，毛泽东致函沈钧儒等四人：“我们诚恳的愿在全国联合救国的纲领上加入签名。”正因为以沈钧儒为代表的救国会公开反对蒋介石“攘外必先安内”的政策，拒不接受蒋介石要救国会接受国民党领导的要求，才会发生“七君子之狱”。“七君子之狱”的发生，极大地推进了抗日救亡运动的发展，为抗日民族统一战线的形成起了不可替代的作用。

在为团结抗日奔走呐喊的民盟先贤中，有一位特殊人物张东荪。1935年中共发表《八一宣言》，提出建立抗日民族统一战线方针，张东荪欣喜不已。让他愤怒的是，由于国民党的新闻封锁和高压政策，《八一宣言》竟然没有引起社会各界的反响。于是，这位第三方面的自觉代言人出来说话了。1936年2月7日，张东荪在《自由评论》发表文章：“一个向来主张除私产的党现在居然说保护财产和营业的自由了。以一个向来主张无产阶级专政的党现在居然说实行民主自由了。以一个向来主张完全世界革命的党现在居然说为国家独立与祖国生命而战了。以一个向来受命于第三国际的党现在居然说中国人的事应由中国人自己解决了。以一个向来主张用阶级斗争为推动力对于一切不妥协的党现在居然说愿与各党派不问以往仇怨都合作起来，这是何等的转向，这个转向是何等光明！我们对于这样勇敢的转向又应得作何等佩服！”张东荪的“呐喊"立即在社会上产生反响。不久,他收到一封署名"陶尚行"的来信。后来,张东荪回忆说:"抗战前夕,日本底侵略一天一天猖狂。我和张申府、许德珩一些人组织了一个救国座谈会。我当时写了一篇文章主张联共抗日,过了几天有一个署名陶尚行的给我一封信,非常赞同我的看法,这位陶君我一直不知道是谁,直到解放后有次和刘少奇先生谈起,他说就是他。这是我与中共关系的开始。那时候我们的确希望能与中共取得联系,于是我们救国座谈会派了一位叫彭泽湘的去延安。他回来时给我带来一封毛主席的亲笔信。"

这些天,一本名为《新闻老战士与抗日》的书引起人们的关注。在这本书里,我们可以看到徐铸成、赵超构、陆诒、冯英子等民盟先贤的名字。1938 年 2 月 8 日,在日本侵略军占领下的上海,徐铸成为《文汇报》撰写了一篇题为《告若干上海人》的社论,对那些蠢蠢欲动的汉奸发出警告:"你们要继续循着正路向前走,切勿恋着昙花一现的幻境,被漫天的风沙,葬送了自己!"两天后,一枚手榴弹在《文汇报》报社爆炸。不久,徐先生又收到日本浪人送的一只腐烂手臂,内附匿名信一封,称:"文汇报社长,此乃抗日者之手腕,送与阁下。希望阁下更改笔调,免尝同样之滋味。"

一篇不过八百字的社论,竟有如此之震慑力。这样的文章,当今难见。

民盟和春天的故事

在春风荡漾的日子里。一个声音回荡在我耳边:“春回大地,气象更新”,春天确实回到大地了。气象更新,我们共产党是个“像”,你们民盟也是个“像”。这是胡耀邦1980年2月12日在民盟中央和民盟北京市委举办的迎春茶话会上的讲话。讲到对民盟的评价,耀邦同志说:“你们这个党怎么样呢?我看,公公道道地讲,在许多问题上民盟有很大的优点。比如说,你们同中国人民,同中国共产党一道奋斗了几十年,有一个光荣的革命传统。第二,你们盟内成员的大多数、绝大多数有知识,有本事。这是你们的第二个优点。第三,你们的党作风比较好,比较诚实,比较正直。”三十五年过去了。至今不少盟员依然怀念1980年的那一个春日。

说起和春天的缘分,民盟从诞生的那一天便有。众所周知,民盟是1941年3月19日正式成立的。在“皖南事变”发生后的中国,民盟的出现改变了中国的政治格局。正如延安《解放日报》社论所说的,民盟是“民主运动的生力军”。事实上,民盟从它诞生之日起,即与中国共产党密切合作,在旧中国民主运动中发挥了不可替代的作用。早在上世纪八十年代,就有学者说民盟的出现是中国现代历史上的一件大事。

再说民盟第一个地方组织，它的出现是在1943年5月5日。在春意盎然的昆明北门街唐家花园，民盟昆明支部正式成立了。很快吴晗、闻一多、楚图南、费孝通、曾昭抡等学者纷纷加入。在李文宜的回忆录中，我们可以看到民盟先贤聚会情景：竹林深处，土墩之上，风和日丽，高谈阔论。谈什么呢？罗隆基当然是他拿手的欧洲民主，闻一多讲儒释道，费孝通当时是几个刊物的编辑，在一次聚会时，李文宜对他编辑的一篇文章的观点提出批评，说得慷慨激昂，一边的周新民不停地扯她的衣角，原来李文宜并不认识的费孝通就坐在她的对面面带微笑，一派学者风度。

都说民盟取消“政团”改成民主同盟是在1944年9月19日召开的全国代表会议，但这个决定在民盟领袖之间的商议是在这一年的5月3日。那一天，黄炎培、沈钧儒、张君劢、章伯钧、张申府在左舜生的家里商量怎么改组民主政团同盟，决定取消“政团”二字，容纳无党派人士。这个在1944年春天作出的决定非同小可，它是民盟历史上的一件大事。从此民盟改变了以“三党三派”为主体的组织形式，迎来了蓬勃发展的春天。

说起民盟和春天的缘分，有一件事不能不提。1990年2月，邓小平在沪视察。回到北京，他找几个中共中央领导谈话，说：“上海浦东开发，你们要多关心。”时任民盟中央主席的费孝通马上与盟中央领导交流想法。4月9日，民盟向中共中央提交了《关于建立长江三角洲经济开发区的初步设想》，提出以上海为龙头，联合江、浙两省，重建东方大港，带动中华巨龙腾飞。两年以后，中共十四大报告指出：“以上海浦东开发为龙头，进一步开放长江沿岸城市，尽快把上海建成国际经济、金融、贸易中心之一，带动长江三角洲和整个长江流域地区经济的新飞跃。”如今，当我们登上东方明珠电视塔，眺望高楼林立，车水马龙的上海，怎能不想起 1990 年的春天，费老为世人描绘上海宏伟愿景的那动人一幕呢？

在春意盎然的时节，回味哪些并不遥远的故事，个中滋味，真的很美。

人物篇

毛泽东和他的民盟朋友(一)

毛泽东认识黄炎培很早。

1920 年 5 月,江苏省教育会在上海邀请美国教育学家杜威演讲,黄炎培主持会议并在会上发言,台下听众中就有一个叫毛泽东的青年。

一晃过去了十七年。1937 年 12 月 19 日,黄炎培去湖南,也许想到毛泽东是湖南人吧,在车上,他仔细阅读了斯诺写的《毛泽东自传》。与黄相同,毛泽东长在乡村,家境贫寒,学历不高,好文擅诗。这一切使黄炎培对未曾谋面的毛泽东有了深深的好感。

翌年春,卢作孚在徐州德明饭店宴请黄炎培。席间,梁漱溟说起年初去延安的经历,特别是与毛泽东的八次长谈。梁先生说:"此番会晤,在我印象上甚好,古时诸葛称关美髯逸群绝伦,我今亦有此叹。他不落俗套,没有矫饰,从容、自然而亲切。"

梁漱溟对毛泽东的介绍,给黄炎培留下了深刻的印象。

黄炎培第一次见到毛泽东是在 1945 年 7 月 1 日,他和左舜生、章伯钧、冷御秋、傅斯年、诸辅成同去延安。在机场,毛泽东握着黄的手说:"黄先生,我们二十多年不见了。"黄炎培惊惑不解,毛泽东微笑着说起1920年在沪听黄演讲的往事。

此前，毛泽东对黄炎培早就做过“调查研究”。1942年2月4日，毛泽东给在重庆的周恩来发过一份电报，说：“黄炎培传写得很好，很有用处。”

在延安的五天，黄炎培和毛泽东谈话的十多个小时，从容自然，坦率亲切，这让黄又想起了六年前梁漱溟对毛泽东的介绍。

回到重庆，黄炎培以罕见的速度写了一本书，书名就叫《延安归来》。书中，黄炎培评价毛泽东：“是一位思想丰富而精锐又勇于执行者。”这样的书，想在国统区出版，难！但向来三思而行的黄炎培为此竟发起了一个反对国民党对报刊书籍审查制度的“拒检运动”，他用幽默的语言说：“这叫做‘吃了砒霜药老虎’，拼他个鱼死网破！”

此时，黄炎培的感情天平无可置疑已倾向于毛泽东。但在一些问题上，黄炎培与中共还是存在不同见解的。

1946年5月4日，土改运动如火如荼，在解放区迅猛展开。很快，群众斗争的惨烈引起了黄炎培的不安。他给毛泽东写信，深表忧虑。8月8日，毛泽东托周恩来、董必武回信：你的信已收到，有关土地政策请周、董向你介绍。9月初，李维汉、齐燕铭、许涤新专程登门，和黄炎培整整谈了两天。李维汉后来回忆说，黄炎培“基本上同意了我们的观点。”

三年内战，很快以国民党的彻底失败而告终。1949年3月25日，黄炎培和毛泽东在北京西苑机场握手为欢。翌晚，毛泽东邀黄炎培到家中做客。黄炎培在日记中写道：“夜，毛泽东单独招餐于其家香山双清别墅，毛夫人、周恩来四人同餐。我畅述所见。”当晚，毛泽东向黄再三强调要搞出不同于苏联的“中国特色”，希望黄来牵中国资产阶级这个“头儿”,希望黄起到向资产阶级传递、解释中共政策的“中介”作用。

那时,毛泽东经常找黄炎培谈话。有时夜深人静,黄炎培从睡梦中被唤起,匆匆赶往中南海与毛长谈。对于毛泽东与黄炎培的交往,周恩来有过一个发言:“难道毛泽东同志是在那里闲着没事做,把黄炎培找去聊天讲闲话吗?大家晓得,毛泽东同志向黄炎培讲清道理后,黄炎培就给资产阶级,首先是上海资产阶级写信,用他自己的口气向资产阶级转达毛泽东同志的指示,这有什么不好呢?”

1957 年 6 月 5 日,黄炎培再次从睡梦中被唤起。在中南海,毛泽东和他谈了“鸣放中发现种种”,谈了“章乃器他是和我们走两条路的”,谈了“章伯钧反动语”,“他和罗隆基勾结了”,希望黄炎培回民盟去,黄回答:“走不进。”

众所周知,黄炎培是民盟首任主席,虽然民盟成立不久,他便辞职,后来又创建了民主建国会,但直到逝世,他仍然是民盟中央常委。那么,我们怎样理解这个“走不进”呢?个中原因就在于黄炎培心中那个无法化解的伤痛:1947 年 10 月,他忍辱负重,去南京与陈立夫谈判,高压之下,无奈签下了民盟总部自动解散的“城下之盟”。可以说,就在这一刻,他在民盟的生命已经终结。

反右斗争中,黄炎培之子黄万里被划“右派”。毛泽东告诉黄炎培:“黄万里写了个《花丛小语》,把百花齐放写成‘静悄悄,微言绝’,这是什么话”。见黄炎培吃惊不小,毛泽东语气变缓:“他诗写得不错,我总是想读。”

让黄炎培感到意外的是毛泽东这句话:“你家也分左、中、右啊!”在毛泽东眼里,黄竞武抛头颅,洒热血,是左派;黄万里写《花从小语》，还反对在三门峡建坝，当然是右派；中间派嘛，当然是黄炎培、黄任老了！

但黄炎培本人并不认为自己是个中间派。建国后，在思想改造方面，他一日千里，突飞猛进。1953年夏，他致函毛泽东：主席，作为您领导下的干部，同时又是您教导下的老的学生——确还没有资格做党员，但已经接受了些，并且正在继续着党的教育——他的思想上起了基本性的变化，应当向您坦白地陈述，深信您乐为指正他的错误的。此后，在北戴河，他一口气读完了《资本论》第一卷、《联共党史》、《共产党宣言》，给毛泽东写信说："《资本论》第一卷出世，恰在我生之初……倘我束发受书初期，得读此书，然后入世为人群服务，那五十年来，绝不走这样一条路线。依我向来做法，必将约集若干同志共同研究，共同开辟新路，也许早已追随诸位先进，当一马前小卒了。"1964年秋，黄炎培的回忆录《八十年来》出版，他在自序中说："我个人呢，在党和毛主席领导下，一分精神全为国，一寸光阴全为民，以'天天向上'自勉，这样'学习到老，改造到老'。"他将此书分别赠送毛泽东、刘少奇、周恩来、朱德，各附一函。

黄炎培生命的最后一年，阶级斗争愈演愈烈。一次开会，他竟然为已被撤销中央统战部部长的李维汉评功摆好，台下有人阻止，他不为所动，侃侃而谈。也许，他并不知道，李维汉被撤职，毛泽东是点了头的。

一生中，黄炎培给毛泽东写过一百多封信，建国初，有时一个月就要写二三封，长的洋洋数千字，短的只有一个简单的问候。毛泽东呢，写给黄炎培的信也有六十余封。如此这般，不要说民主人士，就是在中共高层，屈指数来，也是不多的。

毛泽东和他的民盟朋友(二)

1955 年 1 月 27 日，北京寒气逼人。

复兴门内嘉祥里一所不大的平房，八十四岁的张澜突然口舌麻木，被送进北京医院。

几天后民盟中央常委周新民前来探望，张澜用微弱的声音说：请转告全体盟员，要牢记毛主席的教导：谦虚、谨慎、戒骄、戒躁，全心全意为人民服务。

当周新民将张澜的嘱咐带至民盟中央，罗隆基觉得耳熟。他想起了六年前的那个春末初夏……

1949 年 5 月 29 日，刚刚摆脱特务的魔掌，死里逃生的张澜给毛泽东拍了一份电报："澜不久将与罗努生（罗隆基）兄来平聆教。"6 月 1 日，毛泽东复电："先生及罗先生准备来平，极表欢迎。"

6 月 17 日，民盟上海市支部集会欢送张澜、罗隆基等，张澜即席发言，语重心长："我在重庆时，曾与毛泽东谈过多次。后来在我的日记里，曾记下三句话，作为我的座右铭：一，自我检讨；二，接受批评；三，向人民学习。这些原本都是共产党的口号，不过我认为值得接受并加以强调，也是我今天要让诸位同志贡献的。"

毛泽东去重庆是在1945年8月28日。那天中午，张澜与鲜英在特园共进午餐，一阵熏风送来了一个惊人的消息——毛泽东正从延安飞来重庆。捎消息的人叫徐冰，是中共南方局负责统战工作的。

下午3时30分，毛泽东抵达重庆九龙坡机场。人群中，他一眼便认出那位身材高大，银髯飘拂的长者。他大步向前，紧紧握着张澜的手，说"表老，你好！"

此后，公务繁忙的毛泽东三顾特园，留下了流传至今的一段佳话。

张澜再次见到毛泽东已是四年之后的1949年。

在民盟上海市支部欢送会后的第二天，张澜乘上了北上的列车。一路上，他思绪万千，浮想联翩……

他想起了1947年11月5日以他个人名义发表的《中国民主同盟总部解散公告》，虽说实属无奈，但他深知此举带来的后果。1948年，民盟中央组织部副部长辛志超在给出席一届三中全会的民盟中央委员的信中说："许多股董（指盟员）对几个人的决定与宣告是非常不满，认为无法接受"，"公司（指民盟）原是合资的，不是三五个人的买卖，怎么可以由三五个人决定大家的意向呢?!"面对日趋激烈的"斗争"之风，张澜怎能不担忧呢？……

他想起了1949年1月5日对美国记者说过的"毛泽东是中国的民族主义者，而不是国际共产党"，"我虽然没有去过延安，但读过毛泽东的《新民主主义论》，希望中共按照毛在此书中所阐述的思想主张建设和治理国家"。不料，次日报上刊出的文章竟成了"张澜希望毛泽东做中国的铁托"……

一路颠簸，张澜到达北平已是1949年6月24日。

次日，毛泽东亲临北京饭店看望张澜。临行前毛泽东对侍卫长李银桥说："张澜先生为中国人民的解放事业作了不少贡献，在民主人士当中享有很高威望，我们要尊重老先生，你帮我找件好些的衣服，"可李银桥怎么也找不到一件没有补丁的衣服，于是毛泽东穿着带着补丁的衣服看望张澜。之后，毛泽东又在中南海设家宴招待张澜。

毛泽东对张澜生活上的关心无微不至。张澜刚到北京，毛泽东就将卫士调去细心照顾。听说张澜胃口不佳，进食不多，便吩咐把六国饭店的炊事班长调给张澜。夏天开会，考虑张澜年迈体弱，毛泽东总是招呼不开电扇，张澜过意不去，毛泽东笑道："敬老是中国人的优良传统，表老就不必客气了。"

这一时期，张澜和毛泽东交往密切，书信不绝。

1951 年 1 月 22 日，毛泽东致函张澜："表方先生：西南局书记邓小平同志给我的报告一件，送上请察阅（可要您的秘书念给您听），可以看出西南工作的一般情况。阅后请予掷还。先生身体好吗？甚为系念"。

1951 年 11 月 26 日，张澜致函毛泽东："润之先生：澜近年常阅《墨子》，对其兼爱交利尚同一义之说，联想及于社会主义。两年来，亲见新民主主义之施行，益了然于兼爱交利尚一义的真理。古今不异，兹将所写《墨子贵义》一篇，敬呈座右，然能于万机之暇，赐以教也，至为甚感"。

1953 年 9 月全国政协常委会期间，梁漱溟因农民问题与毛泽东发生争执，陈铭枢、章伯钧、史良等对梁大张挞伐，张澜沉默不语。事后，他和李济深致信毛泽东，首先批评梁漱溟的傲慢，同时对毛泽东的不冷静和怒斥梁漱溟的过激话语，表示了不同的看法。

1954年5月1日，张澜在天安门城楼上对毛泽东说："我已是八十以上高龄了，身体一天天地衰弱，对国家也没有什么贡献了，请主席允许我辞去现有的职务，让我安心养病吧！古人有'乞骸骨'的史例，我也向主席'乞骸骨'。"毛泽东认真地说：表老，您不能辞！我是你们大家推上主席座位的，你们要是辞职不干了，我岂不成了孤家寡人了！接着，毛泽东又面带微笑地说："表老，您是一面旗帜，插到哪里就起作用，这个作用别人可起不到呀。表老啊，你很好，你的德很好，是与日俱进的呀！"

张澜很看重毛泽东的这个评价。事后，他将此事告诉身边的人，笑呵呵地说："我成一杆旗了！"

1955年2月9日，张澜逝世。毛泽东亲视含殓。

毛泽东和他的民盟朋友(三)

都说梁漱溟1938年初延安之行,是去见毛泽东的,其实不然,梁先生刚到延安,首先见到的是张闻天。当时,张闻天是中共中央总书记,他介绍说中共中央军事委员会主席是毛泽东,于是便有了梁漱溟和毛泽东的八次谈话,其中的二次通宵达旦。

一见面,毛泽东说:“梁先生,我民国七年(1918)在北京大学就见过您,那时您是老师,我是小小图书馆管理员。您常来杨怀中(毛泽东岳父)家串门,总是我开的门,还记得吧?”毛泽东的话唤起了梁先生的记忆,当年去杨家确有一位与他年龄相仿身材却高出许多的湖南青年为他开门。

和毛泽东第一次通宵达旦的长谈给梁先生留下的印象很深。来延安前,梁先生对中国的前途颇感悲观。他恳切地说:“我对国家的前途是悲观的,日寇来了,人们各自逃难,抵抗不了,中国的前途如何?中华民族会亡吗?我是来讨教的,共产党有没有救国的良方?”毛泽东抽烟喝茶,耐心地等梁把话说完,倏地站起来,挥动着手斩钉截铁地说:“中国的前途大可不必悲观,中国必胜,日本必败,只能是这个结局!”四十八年后,梁先生对毛泽东说话时的神态、语气和手势依然记忆犹新。他说:“这次毛同我的谈话,就是他后来写的《论持久战》的主要论点,我非常佩服,五体投地的佩服。我这么说毫不带主观上的随意褒贬,而是历史事实。蒋介石的讲话、文告我听过、看过多次,个别交谈也有若干次,都没有这一次毛泽东那样有这么大的吸引力和说服力。”

以梁漱溟的个性,要他说“五体投地的佩服”绝非易事。事实上,就在这次长谈后不久的一个夜晚,梁先生与毛泽东就发生了激烈的争论。梁先生认为中国社会与欧美社会相比,缺乏固定成型的阶级。欧洲封建社会中,地主兼领主为一个阶级,农民为一个阶级;进入资本主义后,又分为资产阶级和无产阶级。中国则不然,“朝为田舍郎,暮登天子堂,将相本无种,男儿当自强”,不是截然分为两个对立的阶级。毛泽东则认为梁漱溟过分强调了中国社会的特殊性。两人各执一词,互不相让。让梁漱溟终生难忘的是毛泽东当时的风貌和气度:“他穿着一件皮袍子,时而踱步,时而端坐,时而往床上一躺,轻松自如,从容不迫,不动气,不强辩,说话风趣,时有出乎意料的妙语。虽说各不相让,却让你心情舒畅,如老友交谈。他送我出门,天色微明,已是东方将破晓时刻。我还记得他说的最后一句话:‘梁先生是有心人,我们今天的争论,不必先作结论,姑且留存听下回分解吧’。这虚怀若谷的气度,如果能够保留到建国以后,特别是他的晚年,那该多好啊!”

离开延安后,梁先生根据他对中国问题的认识以及延安之行的印象,提出了一个从根本上解决党派之争的方案:第一步召集各党各派会商国;第二步建立党派综合体代表国民行使政权,而以治权属于政府,政府不能含有党派性。梁先生把这个党派综合体称之为“无色透明体”。1945 年,毛泽东《论联合政府》发表后,梁先生在重庆的一个座谈会上说，毛泽东《论联合政府》中的论点脱胎于他的“无色透明体”。有人提出质疑，梁先生瞥了他一眼说：“青年人，你没有真正听懂我的话，你要努力学习，二三十年后，你才有能力来评价我的观点”。凡是和梁争论过的人，几乎都领教过他的傲气，黄炎培就曾说：“有人评漱溟为‘意必固我’四字俱全。”

1946年3月，梁漱溟二赴延安，就是向毛泽东等中共领导说明这个“无色透明体”的。与上次相同，毛泽东时而端坐，时而站起，时而踱步，只是没有插话，梁说完以后，毛也没有说什么。直到1949年12月6日，中共方面才通过周恩来对梁先生的“无色透明体”作了评价：“我们最熟悉的朋友梁漱溟先生，他主张‘无色透明体政府’，这是走不通的。政治上无色透明是没有的，还有什么透明体政府?”

周恩来这番话是对出席民盟一届四中全会代表讲的。当时，梁先生在重庆，除了在勉仁文学院教书外，还出版了一本《中国文化要义》。1949年2月13日，重庆《大公报》发表了他的《敬告中国共产党》，文中说：“以武力求统一只有再延迟中国的统一”，还说：“我要求做一诤友”。当年12月中旬，和梁先生同住一室的青年拿着毛泽东为解放南京而作的诗词读给梁听，读到“宜将剩勇追穷寇”时，梁连连摇头说：“错了！错了！中国文化是以意欲自为调和持中为根本精神的。”梁先生的不合时宜，自然招致进步方面的猛攻。为此，他发表了《答香港骂我底朋友》：“我认为今天的事情，在中国要建设，在世界要和平，都只有各方面彼此包容，互相修正而合作，才能行，如若不然，彼此隔阂，彼此误会，彼此相斥斗争，那在国内将扰攘不宁，在世界将难免于毁灭。”

建国初，梁先生是毛泽东的座上客，但他时有惊人之举。1950

年3月12日，毛约见梁漱溟，说："你可以参加政府吧?"梁却说："把我留在外边不好吗?"同年9月23日，毛在询问梁去河南、山东、东北参观后的情况后说："你看了老解放区，又看了新解放区，但都在北方，你可以再去广东看看，趁热打铁，收获会更大的。"梁回答："参观的时间长了，想休息一下，去广东就缓一缓吧。"1952年8月7日，毛又约见梁先生，梁对巴甫洛夫感兴趣，请求去苏联。毛摇头说："这不合适，人家会问，中国的什么单位派这么一位上年纪的老先生去搞什么研究？我看你还在国内继续走走看看，我可以通知各地的负责同志，要他们给你提供一切资料和方便。"两天后，徐冰来问："梁先生什么时间出发?"梁以身体不适，推辞了。梁先生后来说："我当时依然我行我素。"

1953年9月，梁先生终因"我行我素"与毛泽东发生公开争执，从此，梁先生便销声匿迹了。但毛泽东并没有忘记梁漱溟，他逝世前一年，在"金无足赤，人无完人"的批语中，提到了梁漱溟的名字。梁先生又是如何评价毛泽东的呢？晚年，面对众多来访者，面对同一个提问，梁先生的回答挺特别：毛泽东不是一个，而是有多个：既有为创党建国立下丰功伟绩的毛泽东，又有随心所欲，使党和国家遭受巨大损失的毛泽东；既有思想家、革命家、军事家的毛泽东，又有文学家、艺术家的毛泽东。他是变化的，什么时候好，什么时候不好，取决于种种主客观原因。至于1953年他与毛泽东的争论，梁先生说："那是由于我当众与毛泽东顶撞，促使他在气头上说了若干过火的话。如果说当时意气用事，言语失控，那么是我顶撞在前，才有毛泽东的批判在后。公平地说，这些气头上的话，双方冲口而出，都经不起推敲和检验。"

毛泽东和他的民盟朋友(四)

“今后我军占地日广,国民党军兵源粮源日益缩小,估计再打一个整年,即至明年春季的时候,敌我两军在数量上可能达到大体上平衡的程度。我们的方针是稳扎稳打,不求速效,只求平均每个月消灭国民党正规军八个旅左右,每年消灭敌军约一百个旅左右。事实上,从去年秋季以后,超过了这个数目;今后可能有更大的超过。五年左右(1946 年 7 月算起)消灭国民党全军的可能性是存在的。”——《毛泽东选集》第 1300 页《关于情况的通报》(1948 年 3 月 20 日)

“这样,就使我们原来预计的战争进程,大为缩短。原来预计,从 1946 年 7 月起:大约需要五年左右时间,便可能从根本上打倒国民党反动政府。现在看来,只需从现时起,再有一年左右的时间,就可能将国民党反动政府从根本上打倒了。至于全国一切地方消灭反动势力,完成人民解放,则尚需较多的时间。”——《毛泽东选集》第 1364 页《中国军事形势的重大变化》(1948 年 11 月 14 日)

毛泽东的两篇文章,前后相距近八个月,是什么原因促使毛泽东在不到八个月的时间里将解放战争的胜利改为一年呢?这里,我们不得不提到一个人，这个人就是已故的民盟中央代主席胡愈之。

1948 年 7 月，胡愈之从新加坡经香港抵达大连。当时，他是民盟南方总支委员，民盟马来亚支部主委。在大连，他和主持当地工作的李一氓有过一次意味深长的谈话。胡先生说："毛泽东同志估计军事胜利从现在算起还要两年，我想用不了两年。除了军事形势外，还有一个人心向背的问题。国民党不仅军事崩溃了，经济也崩溃，因而人心亦崩溃了。如今国民党统治区，无论哪个阶层，都希望解放军胜利，希望蒋介石垮台。因此，估计胜利还要两年时间可能长了一点，国民党统治区的老百姓已经等不及了。"胡先生的话使李一氓喜出望外，立即派人护送他去西柏坡。临走时，李一氓一再叮嘱胡愈之，一定要把他的看法当面告诉毛泽东。

胡愈之逝世后，李一氓撰文回顾了三十八年前的这段经过，说"这是胡愈老平生最大的对党的贡献"。

胡愈之一生中对中国共产党的贡献，除了上述的这一件，还有许多。

1927 年 4 月 12 日傍晚，胡愈之和吴觉农来到枪声平息后的鸿兴路，微雨方止，血水流向水沟，两人的鞋底沾上了血迹。当晚，他奋笔疾书，宣泄了一腔愤怒："上海市民自庆幸得从奉鲁土匪军队下解放，不图昨日闸北，竟演空前之屠杀惨剧。受三民主义洗礼之军队竟向徒手群众开枪轰击，伤毙至百余人，三·一八惨案之段祺瑞无此横暴，五卅惨案之英国刽子手无此凶残，而我神圣之革命军人，乃竟忍心出之。目睹此率兽食人之惨剧，万难苟安缄默"。次日，这份征集了郑振铎、吴觉农、周予同等人签名的抗议信在《商报》上公开发表，似一声惊雷，震撼了白色恐怖笼罩下的上海。多年以后,周恩来对夏衍说:“中国知识分子是有勇气、有骨气的,四·一二事件之后有两件事我一直不会忘记,一是胡愈之、郑振铎他们的抗议信,二是郭沫若的《请看今日之蒋介石》,这是中国正直知识分子的大无畏的壮举”。

1935年12月,胡愈之秘密离沪赴港,向党组织汇报张学良有意联共抗日。三年前,胡愈之加入中共,直接联系人的是宣侠父。听了胡先生的汇报,宣侠父立即密电巴黎《救国日报》,请他们将此动向转报中共驻莫斯科共产国际代表团,中共代表团很快答复说让胡去莫斯科汇报,同时转达了苏联政府邀请鲁迅前去疗养的口信。次年1月,胡愈之返沪向鲁迅转达了这个口信。鲁讯说,如果去苏联,他就不便在国内发表文章。还说在上海国民党当局奈何不了他,最多把他枪毙了,但他们不敢!当时苏联正在搞肃反,死了很多人,鲁迅说这种时候去莫斯科不合适。就这样,胡先生只身去了莫斯科。本来他在衬衫上密写了一份详细的书面报告,不知什么原因,到莫斯科后却显不出影了,只好重写了一份。当时驻共产国际的中共代表团团长是王明。听了胡愈之的汇报,王明问:张学良要反蒋,蒋介石不给军费怎么办?如果需要钱,要多少?胡愈之说每月一百万吧。王明点头说这没有问题。不久,王明让胡愈之和潘汉年一起回香港,还告诉他,潘是他的领导。他俩回到香港时,全国救国会已在沪成立。考虑当时救国会的口号比较左,对蒋介石和国民党的作用不大,在潘汉年的指示下,胡愈之草拟了一份《告全国同胞书》,主张国民党停止内战,共产党废除苏维埃和红军,共赴国难。沈钧儒、邹韬奋和陶行知签了名,可章乃器不签,他说这个东西太右,一定要修改,最后不仅内容改了,连标题也变成了《团结御侮的几个基本条件与最低要求》,发表不久,毛泽东就给沈钧儒、章乃器、邹韬奋、陶行知回信说:“我们同意你们的宣言、纲领和要求,诚恳的愿意与你们合作。”

两年后,胡先生又做了一件在当时影响很大的事——出版《西行漫记》,社会各界尤其是青年从书中认识了延安,也熟悉了毛泽东这个名字。

抗战期间,胡愈之在新加坡主持《南洋商报》笔政,每日一篇社论,笔走龙蛇,雅俗共赏。不到一年,《南洋商报》一跃而为南洋最畅销的报纸。抗战胜利后,胡愈之又创办了《南洋日报》,笔锋更锐。1947 年 3 月,国民党军队占领延安,趾高气扬,不可一世。胡先生在《南洋日报》上发表社论说,拿下延安就等于吞下了一颗原子弹,用不了多久就会被炸得粉身碎骨。

以胡先生的本意,他更希望从事新闻出版工作。建国初,他是新闻出版总署署长,对民盟工作曾有过怕麻烦的念头。这时,周恩来和他谈了一个通宵,强调了统战工作的重要性。此后,胡先生在 1949 年 11 月召开的民盟一届四中全会上当选中央常委,还担任了民盟中央组织委员会主任。1953 年 5、6 月间,民盟召开一届七中全会,胡先生被推举为民盟中央秘书长。以胡先生当时的身份和状况,对中共中央和毛泽东的指示和号召,自然是积极贯彻的。但在某些问题上,他还是有自己看法的。1955 年批胡适,民盟中央的张毕来写了一篇《〈老残游记〉的反动性和胡适在〈老残游记〉评价中的反动的政治立场》。胡愈之在一次听报告时对张毕来说:“我看你对《老残游记》中关于贪官污吏用人民血染红顶子的形象估计偏低。”张毕来后来说:我的这篇文章“不但对《老残游记》的批评太偏,就是对胡适思想的批判也偏”。六十年代的一天,胡愈之突然来中央统战部找金城,当时毛主席语录风行一时,胡先生对是否要在他创意下出版的通俗读物《东方红》中收入毛主席语录有看法，问金城意见如何，金不置可否，胡失望而去。

十年动乱，胡愈之虽身处逆境，仍不忘同志和友人。冯雪峰逝世后，“四人帮”不准开追悼会，甚至不准称冯为“同志”，胡愈之仗义执言，奔走呼吁，终于在告别仪式上为冯争得了“同志”的称谓。更令人难忘的是，当病危的杨之华从监狱移至医院，胡先生不顾一切地赶去，向这位含冤蒙辱的老友作最后的告别。

1972年7月16日，胡先生约楚图南、杨东莼、周世钊长谈，决定上书毛泽东。毛泽东说可以给这些“民主人士”一点民主嘛，并让汪东兴去听意见。汪东兴用了整整两个下午听取胡愈之、杨东莼、周世钊的建言。胡先生讲的是发扬民主，广开言路，在可能的条件下恢复民主党派活动。据说他们的言论都作了详细记录上报了，却了无结果。

大家对梁漱溟先生在“批林批孔”中的表现印象深刻，可又有谁知道胡先生在民盟、民进学习小组上的发言呢？据冰心回忆：“那时的学习主题是‘批林批孔’，胡先生的发言十分精辟，说批评孔子也可一分为二。”那个年代，没有相当的勇气和胆略，这样的话恐怕是说不出口的。

周恩来逝世后，胡先生护送遗体去八宝山火化，事后和友人谈及此事，悲痛不已。有人说：“我们希望胡愈老长寿。”胡先生愤然说：“我长寿有什么用，还不如早点到八宝山火化呢，可以为国家节省一点粮食，对人民倒也有一点贡献！”众人默然……

晚年，胡先生谈得最多的是民主。1979年，他倡议办个刊物，取名《群言堂》（即后来的《群言》）。在给孙起孟的信中，他谈了自己的想法：“民主党派、爱国人士今后要把工作重点放在四化服务上。怎么为四化服务，我有一种想法，就是要搞：一、广开言路，二、广开才路，三、广开财路。”对照 1972 年给毛泽东的建言，前二点意思大体相同。

在结束这篇文章时，我想到了一张照片，那是 1956 年 2 月全国政协会议时，毛泽东和胡愈之、费孝通、华罗庚的合影，毛泽东谈笑风生，胡愈之、费孝通、华罗庚笑逐颜开。这份温馨和谐，如果在胡愈之和毛泽东的交往中能够自始至终，那该多好。

毛泽东和他的民盟朋友(五)

毛泽东和李公朴的缘分应该从1936年算起。

那年10月12日,毛泽东给在西安的叶剑英写了一封信,要叶买一批通俗的社会科学和自然科学方面的书,特别点明要买上海读书生活出版社出版的《大众哲学》、《街头讲话》等书籍。这个读书生活出版社是当年3月由李先生创办的。

毛泽东的信发出刚一个月,便发生了震惊中外的七君子事件。如果说在写这封信时,毛泽东或许尚不熟悉李公朴,那么七君子事件的发生,让毛泽东牢牢地记住了这个名字。

卢沟桥事变发生后,李公朴获释出狱。次年冬,李先生和夫人张曼筠千里迢迢,跋山涉水来到延安。

来延安之前,李公朴曾遭拘捕,事情的起因是营救被陈诚逮捕的几个汉阳兵工厂的工人。李先生是个性情中人,一听说有人被捕,义愤填膺,他大步流星地闯进武汉卫戍司令部,要陈诚立即放人。陈诚和李先生原是旧识,李先生的声色俱厉让这个总司令下不了台,脸红脖子粗地吼道:“他们几个煽动罢工就是破坏抗战,非枪毙不可。我不但要严办他们,对那些背后指使者也绝不客气。”

说罢，即以“煽动罢工，破坏抗战”的罪名，硬是将李公朴扣留了。周恩来获悉此事，一日之内两度交涉，黄炎培亦致电陈诚：“交公朴十年，其长其短，知之差深。但其不致有妨碍抗战行动，吾敢确信。倘荷允许，炎培愿以身家保证。”多方营救，李公朴终获自由。经此折腾，李公朴对国民党深感失望，打定主意去延安看看。

清清延河水，巍巍宝塔山，延安的一切让李公朴感到既新鲜又亲切。欢迎会上，罗瑞卿的致辞令人捧腹：“今天，我们延安各界在这里隆重集会，热烈欢迎李公朴和塞克夫妇。”真是乱点鸳鸯谱！

11 月 28 日晚，奔波一天的李公朴和张曼筠正在延安交际科招待所交流白天参观的感受，突然门开了，一个高高的身影出现在他俩面前——毛泽东来了，一身灰棉军衣，一脸慈祥笑容。三人围火盆而座，亲切交谈。听了李公朴对大后方出版工作的介绍，毛泽东侃侃而谈：“敌人在攻陷粤汉之后，还要继续进攻西安、宜昌、衡阳、南昌、韶关以及粤闽的几个重要城市。这些地方，在目前虽然不会立刻失掉，但迟早终不免要失掉的。这样，将来我们的后方更要缩小，可以利用的后方更小。因此，书业界的工作便不得不向游击区去谋发展，同时，也是适应那边的需要，工作的地域大概可以分为华北、华中、华南三区，每区的游击根据地可以作为经营的中心地点。工作必须与当地的军队取得联络，与自己在后方的店取得经常联系是不可能的了，因为交通太困难。所以各地区的工作又必须是独立的，自印自卖，印出的书本，应该也只能是薄薄的了。”最后毛泽东恳切地说：“延安是一个抗日的实验区，一切都在试验中进行工作，既无什么神秘的、了不得的好处，也没有像有些人说的那样莫名其妙的坏处。”夜渐渐深了，毛泽东该回去休息了。李公朴拿出画册请毛泽东题字。这画册是一部装裱精致的纪念册，叫

《丁丑书画集》,又叫《长城集》。集子首页是张曼筠1937年春绘的一幅长城画,当时在狱中的沈钧儒、章乃器、沙千里、王造时、邹韬奋都为"长城画"题了词。后来还有许多名人如郭沫若、王昆仑、柳亚子、马相伯、黄炎培等的题字。毛泽东在张曼筠画的《长城》画幅上题了那首"不到长城非好汉"的旧作——《清平乐·六盘山》。送走了毛泽东,李公朴还沉浸在喜悦之中,喃喃地说:"这么忙,想不到他竟亲自来了。"而后又自言自语:"共产党不一样,就是不一样啊!"

延安的魅力磁石般地吸引了李公朴。每天清晨他拄一根手杖,奔走于沟壑纵横的黄土高坡。在"抗大",他留下了"一座伟大的熔炉,燃烧在黄河之滨,锻炼出千千万万的优秀儿女"的题词;在"鲁艺",他写下了"在去年的今天,中国艺术界发生了一道光芒,这光芒一被发现就惊动了全国,振奋了艺林,它越长越大,天真活泼,坚强有力地反映出千万人的心灵,发动起千万人走上前线。这新生的力量是新阶段中抗战的支柱,是新中国艺术的曙光"的赠言;他经历了农民自备粮具,修筑机场的感人画面;他目睹了百姓自编自演戏剧的动人场景;他参观了法庭、监狱,很有兴趣和犯人们谈话,结论是"没有森严,没有恐怖,一切都平凡,一切都是人对待人的样子"……

李公朴夫妇告别延安,已是1939年初。以后,他再也没有去过延安,但延安的一切都深深地印在了他的脑海之中。在生命的最后时刻,他想起了延安。

那是1946年7月初的一个夜晚,李先生对劝他离开昆明的秘书方仲伯说:"他们要杀你,什么地方都一样。看情况,我已走不出昆明了。"沉思片刻,他突然问:"你是共产党员吗?我相信你是的。"说着从办公桌抽屉里取出一本《列宁主义问题》，自言自语："时间已经迟了，我怀念延安！"说那这儿，他把话题一转："知道我的人不少，可真正了解我的人不多，我只希望共产党能了解我，我就心安理得了。《新华日报》创刊八周年的时候，我写过一首贺诗，在诗的最后我高呼'新华日报万岁'，为什么？因为我还有条件喊'共产党万岁'，但必须是'共产党万岁'，才可能有'新华日报万岁'，我这个意思，你是会理解的。"说到这儿，他不禁热泪盈眶。突然，他陡然站起说道："为了民主，我已经准备好了，两只脚跨出门，就不准备再进门！"

几天后，昆明一雨成冬。冷雨凄风之中，李公朴被特务无声手枪射出的罪恶子弹击中，血染街头……

7 月 13 日，张曼筠收到了毛泽东的唁电："惊悉李公朴先生为反动派狙击逝世，无比愤慨。先生尽瘁救国事业与进步文化事业，威武不屈，富贵不淫，今为和平民主而遭反动派毒手，是为全国人民之损失，抑亦为先生不朽之光荣。全国人心将以先生之死为警钟，奋起救国以自救。肃电致唁。"

毛泽东和他的民盟朋友(六)

毛泽东和苏步青的缘分应从1954年算起。

那年12月21日至25日,全国政协在京召开了二届一次会议,作为新当选的全国政协委员,苏步青出席了会议。在这次会议上,苏步青第一次见到了毛泽东。直到晚年,他还清晰地记得毛泽东在这次会议上的讲话:统一战线是中国共产党的伟大法宝,统一战线意义重大,一定要尽力做好。苏步青说,他对统一战线的认识,就是从那次会议开始的,“而且一直牢记心中”。

翌年冬,郭沫若率中国科学家代表团赴日访问,苏先生是这个代表团的九名成员之一。回国时,本拟乘飞机,后因故改乘轮船,船抵上海已是年底,除了沪籍的苏步青、冯培德,其余的七位去了杭州。当时,毛泽东在杭州召集华东、中南地区的省委书记开会讨论农业发展规划,抽空接见了七位代表。

1956年1月8日晚7时半,正在家中的苏步青突然接到电话,要他立即去南京西路中苏友好大厦(即上海展览中心)。一进大厅,便被陈毅市长领着去见毛泽东。原来毛泽东已从杭州来到上海,听说访日科学家代表团中有的成员没见着,提出要补见。听了陈毅市长的介绍，毛泽东紧紧握住苏步青的手，风趣地说："我们欢迎数学，社会主义需要数学"。

毛泽东的话，让苏步青十分感动。

那夜，苏步青坐着一张圆桌边，一旁恰好是同在复旦教书的周谷城。期间，毛泽东曾侧过头来问周谷城"在长沙游泳的照片还有吗？"

来沪前，毛泽东对农业合作化做了一番调查，以为这个大问题已经解决。来沪后，他到荣家创办的申新九厂视察，设想 1957 年争取 90％的工商业实现公私合营。当晚，毛泽东的兴致很高，一边抽烟一边和大家交谈，大约过了近一个小时，服务员开始上酒上菜，苏步青这才发现同桌的还有罗瑞卿和陈伯达。人们纷纷向毛泽东敬酒，毛泽东举起酒杯，一饮而尽，突然眉头一皱，脱口而出："这是水嘛！"

苏步青第二次见到毛泽东是在五年之后的 1961 年。

那年五一劳动节前夕，毛泽东从杭州抵达上海，再次会见了苏步青。苏步青说这次会见的范围很小，除了他自己只有周谷城、谈家桢、周信芳等。会见时，毛泽东问谈家桢：你对遗传学问题还有什么顾虑吗？站在谈先生身边的一位领导说，我们大力支持谈先生在上海把遗传学搞起来，还汇报了一些打算，毛泽东频频点头，高兴地说：这样好，这样好啊。还对苏步青等人说：应该把学术研究和政治问题分开来对待嘛。

毛泽东最后一次提到苏步青的名字，是在 1968 年。

当时，六十五岁的苏步青被下放市郊"劳动改造"。一天，他挑着沉甸甸的一担稻谷去打谷场，在与一位他曾教过的研究生擦肩而过时，喘着气说："你替我去和工宣队说一下，我实在吃不消了，能不能把我换到打谷场工作。”当这位研究生胆战心惊地将苏步青的请求告诉工宣队头头时，一向凶神恶煞的工宣队头头竟然同意了。

后来，毛泽东说话了。在八届十二中全会闭幕时，毛泽东说：对一些学者，所谓学术权威，不要过分了。冯友兰、翦伯赞，还有吴晗，也还是有某种用处的。你如果要唯心主义，要问帝王将相，还得请教他。毛泽东还提到了北京的华罗庚、赵纪彬、任继愈，上海的周谷城、刘大杰、谈家桢、苏步青，广州的杨荣国。说到苏步青时，毛泽东一时记不清，说：“还有个搞数学的……”，坐在一旁的周恩来接口说：“叫苏步青”。毛泽东点头道：“对，苏步青，七斗八斗，没有命了”。

毛泽东的话并没有让苏步青立即被“解放”。当时，工宣队召开了一个批判大会，在市郊“劳动改造”的复旦师生上台“愤怒声讨反动学术权威”。会后吃忆苦饭，每人一只麸皮做的拳头大小的团子，苏步青和地主分子同等待遇——吃两个！

几天后，苏步青正在田间劳动，一个工宣队头头匆匆跑来说：“苏步青，毛主席解放你了！”

第二天，苏步青重返复旦，与家人团聚。

对毛泽东的知遇之恩，苏步青终生不忘。

毛泽东诞辰一百周年之际，面对来访者，苏步青侃侃而谈：“1956年1月8日晚大约7点半，我接到电话通知，赶到南京西路上的上海展览馆（当时的中苏友好大厦），一进大厅，陈毅市长就带着我去见毛主席。我有生以来第一次握住主席那双巨大、厚实的手，心里非常感动。”

那一刻，年过九旬的苏步青深深地沉醉在对往事的回忆之中，神情那么专注，语调那么激动……

毛泽东和他的民盟朋友(七)

要说中国哲学,冯友兰可谓泰斗。三十年代,他撰写了《中国哲学史》,开辟了中国哲学史研究的新纪元。四十年代,他出版了《贞元六书》,创立了将柏拉图、近代新实在论与程朱理学综合一体的新理学。可新中国一成立,冯先生风云突变,一下子改变了发展方向。

那是1949年10月,北京已是秋高气爽了。听说有人给毛泽东写信,冯先生也试着写了一封,信上说:我过去讲封建哲学,帮了国民党的忙,现在我决心改造思想,学习马克思主义,准备于五年之内用马克思主义的立场、观点、方法,重新写一部中国的哲学史。几天后,冯先生家门口响起了摩托声,一个穿军装的递给他一个信封,冯先生一看,笑了。信封的下款是中国人民解放军总部毛。可打开一瞧,冯先生的笑容不见了。信的原文是:"友兰先生:10月5日来函已悉,我们是欢迎人们进步的。像你这样的人,过去犯过错误,现在准备改正错误,如果能实践,那是好的,也不必急于求效,可以慢慢地改,总以采取老实态度为宜。此复,敬颂教祺!毛泽东 10月13日。"

毛泽东很快回信，出乎冯友兰的意料，可信中的“总以采取老实态度为宜，”让冯友兰先生觉得刺眼：“什么是老实态度，我有什么不老实?”

对于冯先生的风云突变，许多人看不懂。1972年夏，冯先生西南联大时的同学王浩来看他。当时王浩是美国教授，国际知名学者。两人一见面，冯先生便递给他一首诗，最后两句是“若惊道术多变迁，请向兴亡事里寻。”联想到1958年冯先生在牛津大学演讲时说的“解放后我发现马克思主义可以救中国，因此改变了我原来的哲学”，王浩看懂了。

对于自己的突然改变，冯先生还有个说法。五十年代初，他对张岱年说：近代以来，许多先进人物不能跟着时代走，晚年落后了，如康有为、严复都是如此，只有两个人一直跟着时代走，一个是孙中山，一个是鲁迅，我们一定要努力随着时代前进。

五十年代，冯先生在报纸上的文章不少，毛泽东很注意。1957年3月11日晚，毛泽东在中南海邀请部分高校负责人、教授座谈。冯先生一进屋，毛泽东便说：“学而时习之，不亦说乎。”冯先生一愣，马上想起他不久前写的《论中国哲学遗产的继承问题》，文中说，一个命题有抽象意义和具体意义，例如：学而时习之，不亦说乎，其抽象意义可以继承。显然，毛泽东读过这篇文章。会议期间，毛泽东让冯先生发言。冯先生谈了一些关于中国哲学方面的问题，说照现在的讲法，有些很难讲通。毛泽东说那是简单化了，不可以简单化。散会时，毛泽东拉着冯的手说：好好地鸣吧，百家争鸣，你就是一家嘛！讲到这儿，毛泽东看了冯一眼，意味深长地说：“你写的东西我都看。”

一个月后，毛泽东再次将冯先生请进了中南海。

此前，毛泽东一路南下，阐述“双百”方针。回京后，他于4月11日召集陈伯达、胡乔木、周扬、邓拓等人，对《人民日报》不积极宣传“双百”方针提出了严厉的批评。在谈及知识分子时，毛泽东说：“要接近党外知识分子，了解他们。要跟非党知识分子交朋友。我愿意同民主人士、中间派谈，比如李鼎铭。党员的党话太多，近来我在找党外的教授、工程师谈。”

第二天，毛泽东便找来了周谷城。上午九时，周谷城来了，毛泽东劈头就问：你和北京学术界哪些人谈得来？周谷城扳着指头说：冯友兰、金岳霖、贺麟、郑昕……毛泽东大手一挥：把他们统统请来吃饭。

当天，冯先生恰巧去扫墓，回家已是11点多钟，接到电话，匆匆赶去，金岳霖、贺麟、郑昕都在，还有一个王名方，是人民大学的教授，毛泽东读过他写的逻辑方面的文章，认为和周谷城的观点相同，所以把他也找来了。毛泽东问郑昕是哪个省份的人，郑昕说是安徽省的。毛泽东说：你们安徽省出了个曹操，是个大人物，他比别人高明之处在于他认识粮食的重要。说着朝东头那间屋走去：“走啊，吃饭去。”开饭时，毛泽东指着周谷城说：我今天请老朋友吃饭，请你们作陪，接着又风趣地说：我这个饭叫四面八方人马饭，其中有各种的米，还有许多豆类，人马都可以吃，可以叫人马饭。吃饭时，江青也在，吃完便走，始终没有和客人说过一句话。冯先生无论如何也想不到，时隔数年，这位看似家庭妇女的人，摇身一变，竟然成了呼风唤雨的旗手。那天，让冯先生不舒服的是王方名，吃饭时，他滔滔不绝地谈他的逻辑观点，毛泽东始终注意倾听。他说完了，毛泽东站起身来送客。多年后，冯先生提及此事，怨气犹存：“别的客人都很着急，因为他们都想听毛泽东的议论，可是时间被占去了。”

这以后，冯先生和毛泽东还有过多次接触。

1965 年 1 月 5 日，中共中央领导接见出席四届一次全国政协会议的委员。合影时，冯先生恰好站在毛泽东和刘少奇座椅的背后，毛泽东就座时看见冯，拉着他的手说：你的身体比我好。冯先生说：主席比我大。毛主席说：不行了，我已经露了老态。接着问《中国哲学史新编》的写作情况，说：你的中国哲学史写完以后，还要写一部西方哲学史吧。冯先生说：我只能写中国的，写西方哲学史的任务已经派给别人了。毛泽东说：对于孔子，你主张他是进步的，和郭沫若是一派。说到这儿，刘少奇插话了：你在政协会议上发言很好，言简意赅。一旁的周恩来也向毛泽东介绍说：这一次开会冯先生是三代同堂，任芝铭任老是他的岳父，孙维世是任老的外孙女，是第三代。回家后，冯先生赋词一首：“怀仁堂后百花香，浩荡春风感众芳。旧史新编劳询问，发言短语谢平章。一门亲属传佳话，两派史论待衡量。不向尊前悲老大，愿随日月得余光。”

冯先生哪里知道，当时的中国已是山雨欲来风满楼。就在这次合影的同一天，毛泽东在中共中央政治局扩大会议上不点名地斥责刘少奇：“有些人好像马克思主义都是对别人的，对自己就一点马克思主义都没有了！”

终于，始无前例的“文化大革命”爆发了，冯先生的家被红卫兵贴上了六个大字——冯友兰的黑窝，抄家、批斗、甚至囚禁。一个时期，冯先生的夫人每天上午都要站在院子的附近办公楼前立着石碉麒麟的石基上，远远眺望，直到看到被囚禁的丈夫的身影时，才放心而去。后来，冯先生把这块石基称之为望夫石。

这样的遭遇直到 1968 年秋才有所改变，原因是毛泽东在中共中央八届十中全会上那个发言：对于冯友兰、翦伯赞，还有吴晗这些学者、学术权威，不要过分了，你如果要问唯心主义、帝王将相，还得请教他们。

这种知遇之恩，可以说是冯先生在“批林批孔”中公开“批孔”的一个重要因素。

晚年，冯先生谢绝了几乎所有的应酬和会议，埋头著书，终于完成了七卷巨著《中国哲学史新编》。他在书中评价毛泽东：立下了别人所不能立的功绩，也犯下了别人所不能犯的错误。还说，毛泽东在辩证法问题上则离开了中国古典哲学“仇必和而解”的路线，而他是主张“仇必和而解”的，认为这是中国哲学对未来人类的一大贡献。

1989 年，在《中国哲学史新编》宋明一册快要写完之际，有人来访，冯先生对他说：我近来有一个想法，也可以说是非常奇怪之论，就是毛泽东的哲学实际上也是按着中国古典哲学讲的。从孔子到王船山，中国哲学有个基本问题，就是一般和特殊的问题，到了王船山，给了一个解决。解决的方法是“理在事中”。《矛盾论》、《实践论》讲矛盾的普遍性即寓于特殊性之中，其思想归结起来是一般寓于特殊之中。这个寓字，前人不常用，而这个思想也就是“理在事中”。所谓实事求是，就是在事上求理。九十四岁的冯先生对自己的这个发现颇为得意：“《西厢记》中红娘有句唱词，说是几时孟光接了梁鸿案，这么一来，毛泽东的哲学和中国古代哲学讨论的问题就接上了。”

冯先生是 1990 年 11 月逝世的。据说他用气力说最后一句话是“中国哲学将来一定会大放光彩！”

不少人以为，冯先生带有仙气，但驾鹤西去之际，他心中汩汩流动着的是对中国、中国哲学炽热的爱。这种爱贯穿于他生命的始终。1971年中国进入联合国，梁漱溟给冯先生来了一封信，说这可是件大事，要找冯先生谈谈，冯先生请他到家里来，他来了，对冯先生说：中国进入联合国，标志中华民族和全世界其它民族处于平等的地位了，这是咱们在一二十岁的时候就向往的。十多年以后，冯先生在他的《三松堂自序》中回忆此事，充满感情地说："这说明共产党毛主席确实是领导中国人民，叫中国人民站起来了，确实是推翻了'三座大山'，压在大山下面的都翻身了，整个的中华民族都相信这一点，真是对于共产党毛主席有无限的崇敬和热爱。这并不是个人迷信，这是像孟轲所说的'心服'，如七十弟子之服孔子也。"

冯先生的肺腑之言，谁又能不信呢?!

毛泽东和他的民盟朋友(八)

六十年前,金岳霖先生先后完成了《逻辑》、《论道》和《知识论》,创造了一个他自己的哲学架构。然而,还不到十年的时间,金先生就全盘否定了自己的哲学,毅然转向了马克思主义。是什么原因让金先生来了个 180°大转弯呢?

这一切和毛泽东有关。

解放初,金先生有点迷惘:像我这样一个和马克思主义风马牛不相及的人,能为新中国做点什么呢?他心里有点空荡荡的感觉,甚至打算摆个烟摊,聊度余生。

这时,在中南海,他见到了毛泽东。毛泽东亲切地说:金先生,你搞的那一套还是有用的。金先生很开心。不久,便出现了他在清华园带头开设马克思主义大课并刻苦攻读俄语那一幕。

金先生的举动,出乎不少人的意料。远在大洋彼岸的胡适惊叹道:"是不是毛泽东和他的政权已经很成功地做了一件事,就是将这一位最倔强的个人主义的中国哲学家的脑给洗干净了?这时我们应该向上帝祷告,请准许我们的金教授经过这样屈辱的坦白以后可以不再参加'学习会'了。"胡适错矣!金先生不但不讨厌

“学习会”，还十分喜欢，直到晚年他还认为老知识分子的思想改造，“应该用学习小组和政治学习讨论会的方式进行，不能让他们独自个人学习。”

金先生怎么了？

如果能够回到过去，重温新中国成立之初那一段波澜壮阔的历史，对金先生的举动，我们不会感到惊奇。

金先生生于1895年，他说自己“余生晚也，没有赶上朝气蓬勃的时代，反而进入了有瓜分恐惧的年代。”早年，他从湖南去上海，长江上的轮船不是日本的，就是英国的。金先生心痛啊！他的哲学十分之九是英美的，可他的那颗心百分之百是中国的。一听到有人说中国没有救了，他便怒目相示、大声争辩，甚至拳脚相加。正因为如此，所以听到毛泽东用他熟悉的家乡话宣告：“占人类总数四分之一的中国人从此站起来了”时，这个五十四岁的汉子兴奋地几乎跳了起来，他逢人便说：“真好啊，解放了，中国人再也不受欺负了！”从此，金先生毅然走出书斋，投身时代的潮流。

金先生的自我转变，并没有减少思想改造运动给他带来的痛苦。五十年代初的一天，金先生去看冯友兰，说到当众检讨，自我作践时，两人相拥一块，抱头痛哭。

痛哭归痛哭，检讨还是得作。当时流行着这么一句话：“国家有面子，个人才有面子。”既然振兴中华民族得靠马克思主义，那么把个人脑袋里旧思想改造了，给马克思主义腾出地盘来又有什么不好呢？再说1951年秋，周恩来在给京津两地高校一千七百多位知识分子作《关于知识分子改造问题》的报告时，曾以自己为例，拿个人开刀，堂堂共和国的总理都可以当众认错，金先生那点个人面子又算得了什么呢？很快，金先生便交出了第一篇自我批评的文章《了解〈实践论〉的条件——自我批评之一》。从此一发不可收拾，金先生在报刊上频频亮相，成为五十年代知识分子自我批评的一道最耀眼的风景线。

这道风景线毛泽东不会视而不见。五六十年代，金先生多次被毛泽东请去做客，毛泽东的睿智和幽默让金先生心醉神迷。

“文革”中，金先生的日子并不好过。1972 年，金先生西南联大时的学生、美国洛克菲勒大学教授王浩回国访问。他想见见金先生，可一直得不到批准，最后通过金先生三十年代的学生乔冠华帮忙，师生俩才得以见面。即使如此，金先生对毛泽东仍深信不疑。“批林批孔”时，冯友兰发表“咏史诗”公开批孔，金先生去信称赞。

此时的金先生，头上的罗宋帽早已没有了用粗麻绳绕在脑后捆扎起来的那个马粪纸帽檐，裤腿也不用草绳扎着，更没有去朋友家串门的嗜好。金先生老了，深居简出，可他总忘不了毛泽东多年前曾对他说的那句话：“你要接触社会”。怎么接触呢？金先生有主意，和一个踏三轮车的约好，每天踏着他去王府井。

如果说五十年代金先生在报刊上频频亮相是当时的一道耀眼的风景线，那么坐在三轮车上东张西望的金先生，就是七八十年代北京街头又一道奇特的风景线了。

晚年，金先生也曾困惑：“解放前，我没有搞过什么政治，那时我似乎有自知之明。我在解放后是不是失去了这个自知之明呢？解放后绝大多数人都心明眼亮起来了，难道我反而糊涂了？我这样的人有条件争取入盟入党，难道我可以不争取吗？不错，我是一个搞抽象思维的人，但是，我终究是一个活的、具体的人。这一点如果我不承认，怎么说得上有自知之明呢？根据这一点我就争取入盟入党了。”金先生的困惑并没有影响他对共产党、毛泽东的感情。1982 年,当感到自己的生命将要结束的时候,金先生给组织上写信,为“瓜分的问题完全解决”,再次感谢党,感谢毛泽东。

1984 年,金先生逝世。在告别人世的那一刻,金先生确有几分困惑,但更多是一种满足:对中国人民不再受欺侮,中国领土不再被瓜分的满足。

毛泽东和他的民盟朋友(九)

说起毛泽东和柳亚子,人们首先想到的恐怕就是《沁园春·雪》。那是1945年毛泽东赴重庆和平谈判时,柳先生索诗,毛泽东赠送的。

可毛泽东和柳亚子的交往比这早得多。

柳亚子初晤毛泽东,还是1926年5月。那会儿,柳先生是孙中山“联俄、联共、扶助农工”三大政策的衷心拥护者。

岭南一别,两人各奔东西。1929年,柳亚子得知毛泽东进军井冈山,建立红色根据地,十分兴奋,写下了“神州峰头墓草青,湖南赤帜正纵横。人间毁誉原休问,并世支那两列宁”。当时,毛泽东虽然进了中共领导层,但不是主要负责人,柳先生将其称作“列宁”,真是慧眼识英雄呀!

海内存知己,天涯若比邻。毛泽东虽日理万机,却时常念及柳亚子。1937年的一天,他看到柳先生为何香凝的题画,便在给何香凝的信函中说:“看了柳亚子先生题画,如见其人,便时乞为致意。像这样骨气的文人,可惜太少,得一二个拿老话说叫做人中麟凤。”

1944年5月,正在桂林的柳亚子读到了董必武自重庆寄来的祝寿词，他随即写了《次韵和董必武见寿新诗》，分寄毛泽东等人，自云“誓以心肝酬党国，岂贪姓字上旗常?”同年 9 月，日寇进攻广西，柳亚子奔避重庆。不久，他收到了毛泽东的信函：“广州别后，十八年中，你的灾难也受得够了，但是没有把你压倒，还是屹然独立的，为你并为中国人民庆贺！……看了照片，样子老一些，精神还好罢，没有病罢？很想有见面的机会，不知能如愿否?”

不到一年，柳亚子真的见到了毛泽东。

那时，毛泽东飞抵重庆，与蒋介石进行和平谈判。消息传来，柳亚子心驰神往。8 月 30 日，他兴冲冲走进曾家岩中共办事处拜访毛泽东，并赋诗云“阔别羊城十九秋，重逢握手喜渝州”，“中山卡尔双源合，一笑昆仑顶上头”。

在毛泽东留渝 43 日间，与柳亚子面晤数次，并时有诗信往来。那首《沁园春·雪》让柳先生拍案叫绝：“展读之余，叹为中国有词以来第一作手，虽苏辛犹未能抗手，况余子乎?”

毛泽东对柳亚子的诗亦评价极高：“先生诗慨当以慷，鄙视陆游、陈亮，谈之使人感发兴起，可惜我不能做，但是千万读者中多我一个读者，也不算辱没先生，我又引以自豪了。”

毛泽东离开重庆不久，柳亚子去了上海。1946 年 1 月 13 日，上海各界在玉佛寺公祭昆明一二·一惨案中牺牲的烈士于再，柳亚子登台演讲。事后，毛泽东致函说：“阅报知先生已返沪，在于再追悼会上慷慨陈词，快何如之。”

柳亚子早就将希望寄托于毛泽东。1945 年 1 月，他出席《新华日报》创刊纪念会，公开宣称：“世界的光明在莫斯科，中国的光明在延安”，还给毛泽东寄去《延安一首》，诗云：“世界光明两灯塔，延安遥接莫斯科。”1948 年 5 月 2 日，中共中央致电中共上海局，邀请各民主党派和人民团体的代表北上协商召开新政治协商会议，邀请名单中柳亚子名列第五。

柳亚子到达北平已是1949年3月18日。3月25日，柳先生去西苑机场迎接毛泽东，他乘的是第一号车，同车的有李济深、沈钧儒、章伯钧。当晚，毛泽东设宴招待。

柳亚子是诗人，狂放不羁，25日与毛泽东握手言欢，27日即作《感事呈毛主席》："开天辟地君真健，说项依刘我大难。夺席谈经非五鹿，无车弹铗怨冯驩。头颅早悔平生贱，肝胆宁忘一寸丹！安得南征驰捷报，分湖便是子陵滩"。

让柳亚子不高兴的事还真不少。

柳亚子来北平是参加新政协筹备会议的，可人未抵平，民革中央便开会推选李济深等七人为参加新政协筹备会议的人选，其中竟没有柳亚子的大名；

不参加政协筹备会议也罢，柳亚子是大诗人，参加文协筹委会总可以吧，可人家偏偏不给面子，连个常委的位子都不给安排；

柳先生是孙中山的忠实信徒，刚到北平，就写诗："奠酒碧云应告慰"，几次三番索车去碧云寺拜谒中山先生的衣冠冢，均未如愿……

如此这般，柳亚子萌生退意，他要步严子陵后尘，归隐故乡了。

4月29日，柳亚子游颐和园归来，欣喜地读到了毛泽东派田家英送来的《七律·和柳亚子先生》："饮茶粤海未能忘，索句渝州叶正黄。三十一年还旧国，落花时节读华章。牢骚太盛防肠断，风物长宜放眼量。莫道昆明池水浅，观鱼胜过富春江"。柳先生随即赋诗两首，云"昆明湖水清如许，未必严光忆富江"，"倘遣名园长属我，躬耕原不恋吴江"。

5月1日下午，毛泽东从香山双清别墅驱车至颐和园，前往益寿堂访柳亚子，谈诗甚畅，随后一同乘船游览昆明湖。在交谈中，柳亚子说，今天胜利了，这是我们盼望已久的。我们都很清楚，蒋介石早晚是要垮台的，因为他们腐败无能，太不得人心了。共产党要胜利，这是肯定的。共产党的政策正确，合乎民意，人民拥护支持，这是胜利的基础。但是，我们没有想到胜利会这么快，人民解放军很快渡江成功，并且占领了南京，我们不知道毛主席用的是什么妙计。毛泽东说，打仗没有什么妙计，如果说有妙计的话，那就是知己知彼，根据实际情况，作出正确的决策。还有，就是先生说的，人民的支持是最大的妙计。我们有一百万军队渡江，如果没有人民的大力支持，是不能成功的。毛泽东还对柳亚子说，你现在可以赤膊上阵发表文章、讲话，现在与蒋介石时代不一样了，你的人身安全是有保证的，你的意见会受到尊重的。游船绕过湖山岛龙王庙，通过十七孔桥，至湖东靠岸。毛泽东与柳亚子话别，约定5月5日再见。

时隔三日，毛泽东派秘书田家英去颐和园接柳亚子到香山寓所叙谈。其间，谈论了南北朝诗人谢灵运《登池上楼》、隋朝诗人薛道衡《昔昔盐》、宋朝诗人苏轼《题惠崇春江晓景》等诗篇，并论及其中“池塘生春草”、“空梁落燕泥”、“竹外桃花三两枝，春江水暖鸭先知”等名句。中午，毛泽东宴请柳亚子，作陪的有朱德、江青及女儿李讷、秘书田家英。毛泽东将上述诸诗句题写在柳亚子《羿楼纪念册》上，并作一题记：“一九四九年五月五日柳先生惠临敝舍，曾相与论及上述诸语，因书以为纪念。”

毛泽东盛情款待，柳亚子兴奋不已，感叹：“谈诗论政，言谈极欢，自揆出生六十三龄，平生未有此乐也!”他决心“于毛公有所献替”,写信建议:设立国史馆,修撰明史,中华民国史,安顿中山先生衣冠冢留守人员……

5月21日毛泽东复信柳亚子:“各信并大作均收敬悉,甚谢!惠我琼瑶,岂有讨厌之理”,“国史馆事尚未与诸友商量,惟在联合政府成立以前恐难提前设立。弟个人亦不甚赞成先生从事此项工作,盖恐费力不讨好。江苏虚衔,亦似以不挂为宜,挂了于己于人不见得有好处。此两事我都在泼冷水,好在夏天,不觉得太冷否?某同志妄评大著,查有实据,我亦不以为然。希望先生出以宽大政策,今后和他们相处可能好些。在主政者方面则应进行训导,以期‘醉尉夜行’之事不再发生。附带奉告一个消息,近获某公诗云‘射虎将军右北平,只今乘醉夜夜行,卢沟未落登埤月,易水还流击筑声’,英雄所见,略有不同,亦所遭者异耳。孙先生衣冠冢看守诸人已有安顿,生事当不致太困难,此事感谢先生的指教。”在当天的日记中,柳先生写道:“毛主席来信,颇有啼笑皆非之慨”。

此后,柳亚子的牢骚一发不可收拾。6月5日中午,柳先生到六国饭店访友,门卫要他登记,柳先生斥之“官僚作风”,不顾径入,警卫紧随,至办公室,柳见案头有一墨水瓶,举以掷之……

在好友和夫人的一再劝说之下,柳亚子怒气渐消。7月15日,他致函曹美成:“我因身体关系,毛主席要我在颐和园静养,不问一切外事。现在研究南明史料,颇有兴趣,其他则暂时不管,也许永远不管”。

翌年9月,柳亚子迁至北京城西北长街,毛泽东题其居为“上天下地之庐”。10月3日,参加国庆盛典的各民族代表聚集中南海,西南各民族文工团和新疆、吉林和内蒙的文工团联合演出。毛泽东对坐在前排的柳亚子说:“如此盛况,亚子先生为何不填词以志盛？我来和”。柳先生即赋《浣溪沙》:“火树银花不夜天。弟兄姊妹舞翩跹。歌声唱彻月儿园。不是一人能领导，那容百族共骈阗？良宵盛会喜空前！”次日，毛泽东以词唱和:“长夜难明赤县天，百年魔怪舞翩跹，人民五亿不团圆。一唱雄鸡天下白，万方乐奏有于阗，诗人兴会更无前”。

柳亚子此时牢骚少了，心情变好了，用他自己的话说:“神经又兴奋起来”。1950年12月18日，他给柳无忌写信要他早点回国，说:“国内的情形大体很好，当然也有不能尽如人意的地方。中国是一个大国，又是几千年封建制度和百余年殖民统治的国家，哪儿会一下就能够使人满意呢？讲一句良心实话，毛主席真是太伟大了。”

写完这封信不过2个月，柳先生因健康不佳，活动剧减。1958年6月21日，柳先生因长期患脑动脉硬化和支气管肺炎，病逝北京。

柳亚子与毛泽东的诗词唱和最早见报的是1945年，即毛泽东《七律·和柳亚子先生》中所云:“索句渝州叶正黄”。建国后最早见报的是1951年1月23日，《文汇报》一篇题为《毛泽东新词》的报道，报道中的柳诗即柳先生于1950年10月30应毛泽东命，即席撰写“浣溪沙”。此后，柳先生还于10月5日写过另一首《浣溪沙》:“白鸽连翩奋舞前。工农大众力无边。推翻原子更金圆。战犯集团仇美帝，和平堡垒拥苏联。天安门上万红妍！”不久，毛泽东作《浣溪沙·和柳亚子先生》:“颜斶齐王各命前，多年矛盾廊无边，而今一扫纪新元。最喜诗人高唱至，正和前线捷音联，妙香山上战旗妍。”以现有的资料看，这应该是毛泽东最后一次与柳先生诗词唱和。

毛泽东和他的民盟朋友(十)

孙琴安先生写过一篇《毛泽东与沈钧儒》,不过五百余字,很短,孙先生在文说:“沈钧儒虽攻法律,亦能诗。但他不像柳亚子、黄炎培等同辈那样频频给毛泽东写信寄诗。与毛泽东的私交,似乎也不像柳亚子、黄炎培那样深”。孙先生的看法是对的,只是他的文章中多了个“似乎”,可以肯定沈钧儒同毛的关系远不及柳亚子、黄炎培。至于原因,孙先生是这么说的:“柳亚子二十年代就与毛品茶聚谈,黄炎培虽然也是在年近七十方与毛泽东晤面,但毕竟有过私人交谈。而沈钧儒却缺少这种机会,即使有了这种机会,也是古稀之年,与毛泽东的年龄相距毕竟大了一些”。

对沈钧儒了解不多的人,对孙琴安的说法也许会信,可了解沈钧儒稍稍多一点的就会不以为然了。柳亚子暂且不谈,就说黄炎培吧,他与毛的第一次晤面比沈钧儒仅仅早了一个月,虽说有过“窑洞对”,但同行的章伯钧与毛也有过几次长谈,但从以后的经历看,他俩的关系实在很一般。由此看来,黄炎培与毛泽东“毕竟有过私人交谈”的说法靠不住。

那么,是什么原因使得毛泽东与沈钧儒的私交不像柳亚子、黄炎培那么深呢？还是让咱们从头说起吧。

大家知道，1936年的夏天，沈钧儒和章乃器、陶行知、邹韬奋联名发表了《团结御侮的几个基本条件与最低要求》。大约三个月后，潘汉年带来了毛泽东致沈钧儒、章乃器、陶行知、邹韬奋的信函，信中说："先生们抗日救国的言论和英勇的行动，已经引起全国广大民众的同情，同样使我们全体红军和苏区人民对先生们发出无限的敬意！""我委托潘汉年同志与诸位先生经常交换意见和转达我们对诸位先生的热烈希望。"

沈钧儒收到毛泽东的信不过一个月，就发生了"七君子事件"。1937年4月11日，毛泽东给潘汉年发了一份电报："闻法院对沈钧儒等起诉将判罪，南京又有通缉陶行知事，爱国刊物时遭封禁，我方从上海所购之书被西安政训处扣留，南京令华北特务机关密捕我党党员。以上各事完全违反民意，违反两党团结对外主旨，希即入京向陈、张诸君提出严正抗议，并要求迅即具体解决。"同年7月，七君子获释，不久即发生分化，沙千里于1938年下半年加入中共；邹韬奋1944年病逝后被追认为中共党员；李公朴于1938年底访问延安后确信它是中国的希望所在；沈钧儒和史良始终与中共亲密合作；章乃器、王造时则不同，一个因"救国会活动的圈子很窄，工作也只是重复党的声音和行动"而退出，一个则因种种原因与沈钧儒等的关系渐渐疏远。当时在重庆，救国会有中共"外围"之称。1939年11月，梁漱溟为统一建国同志会公开事去见蒋介石，说到沈钧儒和邹韬奋，老蒋插话说："这两个恐怕和你们不一致吧。"民盟成立之始，救国会没有参加，原因就是色彩太红，怕老蒋不批准。

只要仔细读一读毛泽东年谱，不难发现他对国统区民主人士关注的重点。统战嘛，自然要有不同的阶级、阶层和党派，救国会在沈钧儒等人的主导下，越来越向中共靠近，毛泽东欣喜之余，自然将目光更多地投向其他的党派和个人。

毛泽东赴重庆与蒋介石进行和平谈判时，与沈钧儒晤面多次。沈钧儒担心毛泽东的人身安全，一再对毛说："要当心骗局"。毛泽东说："这次国共会谈是一定要成功的。比如我们办一件事，开始没有把握是自然的，如果一开始就有一半章程，那不是非常有希望了吗？国共谈判犹如两人谈恋爱，先不说国民党，中国共产党是一心一意的，这不是一开头就有一半成功的希望了吗？"

沈钧儒与毛泽东再度频频会面是在 1949 年，其中的一次在香山双清别墅。那天，毛泽东亲自到门口迎接，拉着沈钧儒的手，走进会客室，相互寒暄后，毛泽东说："1945 年日本投降，我们为了和平，共同一起合作，和国民党召开了一次政治协商会议，签订了一年和平协议，后来被蒋介石撕毁了。现在，我们又要召开新的政治协商会议，这次政协会议与上次政协会议不同，是没有蒋介石参加的人民政协会议。我们现在就要做好政协会议的筹备工作，要起草一个各民主党派、无党无派的民主人士和海外华侨都能承认，包括共产党在内的，又都要共同遵守的共同纲领。我们要充分发挥民主，要把这次政治协商会议开好。"回想起民盟被迫解散的那段往事，沈钧儒感慨万分，说："民盟受尽了蒋介石的欺负、压迫的苦头。蒋介石认为民盟妨碍他的独裁卖国政策，就宣布民盟是非法的，逼得民盟无奈解散了自己的组织，跑到香港才又重新恢复。过去，我们党在张澜先生的领导下，曾坚决反对蒋介石的独裁统治，反对出卖国家的内河航权，反对打内战，拥护共产党和平民主的主张。共产党胜利了，我们响应毛主席的号召，在共产党领导下，共同合作建设新国家。”毛泽恳切地说：“要建设新中国，成立中华人民共和国中央人民政府，需要各方面的人才。比如说，在法律这一方面，沈先生就可以充分发挥您的作用。我知道沈先生对法律工作是很有研究的，是著名的法律专家，中央人民政府成立后，我们还要建立人民法律，还要请沈先生在这方面多出力，多作贡献。”

沈钧儒最后一次与毛泽东晤面，是 1962 年国庆。那天，同以往一样，沈先生在天安门城楼与毛泽东一起检阅游行队伍。毛泽东握着他的手，关切问候他的健康状况。检阅结束后，毛泽东还搀扶他同乘电梯。沈先生很激动，对家人说：“要永远听毛主席的话，永远跟毛主席走。”

沈钧儒对毛泽东十分景仰。1952 年 1 月，他写过一首《东方红》，诗云：“涵咏毛诗对太阳，人间无事不光明。清洗头脑排脏物，鞭挞先从己一身。”1963 年 6 月逝世后，清理遗物时人们发现，沈老卧室书桌上放着毛泽东的画像，还有若干毛泽东著作和有关自我改造方面的资料。

毛泽东和他的民盟朋友(十一)

至今,反映当年延安的作品,最好的两部:斯诺的《西行漫记》,赵超构的《延安一月》。

然而,1944 年夏,代表新民报去延安的第一人选并非赵超构。

最初,新民报推出的是浦熙修,国民党中宣部以"诸多不便",回绝了。于是新民报又推出了大名鼎鼎的张恨水。临近发出,家人暴病,恨水先生只得临时退出。如此这般,才有了赵超构的延安之行。

离渝前,赵超构问张恨水:"这次去延安,我该取什么态度"。回答是:"观察,最好一切客观"。

6 月 12 日,毛泽东在延安中央大礼堂客厅会见中外记者。赵超构穿着新买的凉鞋,裸着双脚去了。一上车,突然觉得不太郑重,想回去穿双袜子。随同的延安工作人员笑了:"没关系,到那儿你会看到穿得更随便的"。走进客厅,一眼望去,还真有不少衣着随便,脚穿草鞋的延安干部。赵超构悬着的心放下了。他点了一支烟,靠着土制的沙发,细细观察着。大约半支烟的工夫,一个高高的身影出现了——毛泽东来了。

在《延安一月》里，赵超构这样描写道："身材颀长，并不奇伟。一套毛呢制服，显见已是陈旧的了。领扣是照例没有扣的，一如他的照相画像那样露着衬衣。眼睛盯着介绍人，好像在极力听取对方的姓名。""谈话时，依然满口的湖南口音，不知道是否因为工作紧张的缘故，显露疲乏的样子，在谈话中简直未见笑颜。然而，态度儒雅，音节清楚，辞令的安排恰当而有条理。我们依次听下去，从头至尾是理论的说明，却不是煽动性的演说。""这就是中国共产党的领袖毛泽东先生。""听取谈话中，我有更多的余暇审视他。浓厚的长发，微胖的脸庞，并不是行动家的模样，然而广阔的额部和那个隆起而端正的鼻梁，却露出了贵族的气概，一双眼睛老是向前凝视，显得这个人的思虑是很深的。"

那天，毛泽东讲话挺长。事后，赵超构将其概括为"希望国民政府，国民党及一切党派，从各方面实行民主。"这句话的后面，赵超构插了一段看似"意味深长"的文字："一边想着，一边倾听，日色渐渐向晚，通红的夕阳映得满堂辉煌。我一眼看到毛先生背后的油画上，史丹林（斯大林）委员长左手倚着桌子，伸出右手，摊着掌心，眉飞色舞地面对我们，似乎在雄辩，又似乎在向我们说教。"

晚宴后的文艺演出，让赵超构看到了一个更加平凡质朴的毛泽东：大约喝了几杯酒，脸微微发红，不时让茶让烟，与身边的人朋友似地谈笑。演出开始了，毛泽东饶有兴趣地看着，时而自言自语，时而开怀大笑。赵超构得出一个结论："毛先生是有和我们一般人所共通的幽默和趣味的。他并不是那些一谈政治报告便将趣味性灵加以贬斥的人物。"

不到一年，赵超构再次感受了毛泽东的幽默。

1945 年 8 月 28 日，毛泽东抵达重庆和蒋介石进行和平谈判。

一天清晨，有人捎来口信：毛泽东邀赵超构去八路军办事处。赵超构心头一热："毛先生还真是念旧呀！"

多年以后，赵超构还清晰地记得和毛泽东见面的那幢青灰色三层楼房，在二楼一间摆设陈旧，稍显拥挤的房间里，毛泽东一语惊人："赵先生，你的名字叫超构，比你们那个宋高宗高明多了，哈哈哈……"

那天的谈话很长，赵超构后来回忆说："我是知无不言，尽我所了解的，事无巨细，都讲给他听了。有些事，我自己都觉得过于繁琐，他却听得津津有味。"

最后，毛泽东沉吟片刻说："死跟蒋介石的人只是少数，有的人不满现状，但对美蒋还有幻想，绝大多数人是可以转变过来的。"

以后的历史，应验了毛泽东的预言。

1953 年 3 月，赵超构加入民盟。在给组织的自传中，他提到了 9 年前的延安之行，提到了《延安一月》："1944 年，参加'中外记者团'到延安，第一次看到了我们的伟大领袖毛主席和很多首长们，这是我感到最幸福的一次工作。这一次'旅行'，把我带进一个新天地中来，给我在政治上的启蒙。返渝后，发表《延安一月》。今天检查起来，《延安一月》的观点犯有严重的错误，是无须细说的；不过，在当时我的确拿出最大的勇气和热情来写的。"

这当然是赵超构的真实想法，不过与当年不同。1945 年在重庆，毛泽东曾说起过《延安一月》，说："你是个自由主义者"。当时赵超构以为这是个好名词，还沾沾自喜呢。

1956 年，赵超构提出了"短些，再短些；广些，再广些；软些，再软些"的办报方针，还发表了一些文章，其中"片面无忧论"更是引起了上海新闻界的争论。次年 3 月，赵超构赴京参加中共中央召开的全国宣传工作会议。3 月 10 日，毛泽东在中南海邀请赵超构等新闻出版界人士座谈。毛泽东对赵超构说："你的那个报纸我喜欢，诗词歌赋、琴棋书画、花鸟虫鱼都有了。"谈及"软些，再软些"的办报方针，毛泽东说："软些，再软些，软到哪里去呢？报纸嘛对读者当然要亲切些，平等待人不摆架子，这是对的，但要软中有硬"。他说鲁迅的文章就不是太软，也不太硬，不难看。提到在上海引起争论的"片面无忧论"，毛泽东说："片面性往往难免，有点片面性也不是什么了不得的事，要求所有的人看问题都必须很全面，这会阻碍批评的发展。但是我们还要求努力做到看问题比较全面。"他以鲁迅杂文为例，说鲁迅后期的杂文最深刻，没有片面性，因为这个时候他学会了辩证法。座谈结束，毛泽东握着赵超构的手说："你还是要多写，不要怕。"

全国宣传工作会议一结束，毛泽东南下杭州，在听取汇报时，再次提到赵超构："有人说，赵超构的《新民晚报》是黄色报纸，我在北京就看了一下，我看不能说是黄色报纸，还不错嘛！"回京后，他召集陈伯达、胡乔木、周扬、邓拓等人开会，又一次谈到了赵超构："《新民晚报》的赵超构问我，过去提过'短些，短些，再短些'，可不可以再加一个'软些，软些，再软些'。我说，有两个'软些'就够了嘛！当时是怕他们搞黄色的东西。这次出去看了看《新民晚报》，觉得那个报纸还是严肃的，没有什么黄色的东西。有些东西还硬了些，不敢放开讲。"

大鸣大放时，赵超构发言不多，文章不少，那篇《先锋何在》锋芒毕露："在思想战线上，新闻工作者干的应该是先锋的工作。个个应该是白袍小将，都要学习赵子发那种真刀真枪，七进七出的剽悍作风。而今天，能说我们新闻者有这个急先锋的气概吗？想当年，不论在解放区或蒋管区是出现过一批好先锋的，有白袍白盔的赵子龙，也有抡着板斧的李逵；有丈八蛇矛的张翼德，也有赤膊上阵的许褚。而今天说起来难为情，我们个个都是廖化；甚且不免为贾化。”

反右斗争一开始，赵超构连连检讨。6 月 29 日，毛泽东在中南海游泳池约见赵超构。当赵超构趋步向前，哽咽着说：“向主席请罪”时，身披浴巾的毛泽东摆了摆手：“好了，好了，知道错改了就好嘛！”赵超构表示要辞去《新民晚报》总编辑，毛泽东不同意，问：“你这个总编辑是不是有职有权啊？”“如果没有，我就不会犯错误了！”毛泽东哈哈一笑：“恐怕有点形格势禁吧。”午餐时，毛泽东和赵超构谈到杂文：“写杂志不容易，我要保护几个杂文家，我倒很想做个杂文家，给《人民日报》写写杂文，可惜我现在没有这个自由。”

此后，毛泽东与赵超构晤面多次，最著名的要算 1958 年 1 月杭州刘庄的“西湖佳话”了。

“文革”期间，赵超构进过牛棚，去过干校，最后被安排在辞海编辑室当资料员，但他对毛泽东的感情依旧。

一个时期，社会上对毛泽东的晚年议论纷纷，一些人撰文评说，言词激烈。赵超构对好友说：“他们说的话，我能理解。不过，这样的文章我是绝不写的。”直到去世，他从未讲过一句对毛泽东不敬的话。

1991 年 10 月，赵超构参加全国晚报工作者协会广州年会。联欢时，他自告奋勇，演唱了秧歌剧《兄妹开荒》。

那一刻，这位八旬老人又回到了 1944 年，回到了延安，回到了他和毛泽东最初相识的那一刻……

翌年 2 月，赵超构逝世。

毛泽东和他的民盟朋友(十二)

1949年1月,费孝通在西柏坡和毛泽东有了第一次接触。从这时起到1957年,费孝通和毛泽东见面多次。据费孝通自己说,1957年以前,毛泽东请他和冯友兰吃过两次“湖南饭”;反右斗争开始后,毛泽东在中南海游泳池边和他谈过一次话。除此之外,费孝通在各种场合与毛泽东的接触就更多了。但出人意料的是,在费孝通的文章中几乎找不到他和毛泽东接触的痕迹。

费孝通和毛泽东的关系怎样,他对毛泽东的看法又如何呢?

一 初识毛泽东

1944年夏秋之交,春城昆明诞生一个叫做“西南文化研究会”的团体,发起人是中共南方局派往云南开展统战工作的华岗。

华岗当时化名林石父,公开身份是云南大学社会学系教授,这个身份还是费孝通安排的。后来,费孝通回忆说:“吴晗同志有一次很郑重地把一个名字交给我,要我把他安排在云大社会学。我明白这位先生一定有来路,但我问也不问,就照办了。这位先生就是华岗。党中共派来西南指导工作的”。那个时候，费老刚从美国访问归来，继续主持云南大学社会学系工作。

最初这个西南文化研究会的成员有华岗、潘光旦、罗隆基、闻一多、楚图南、吴晗、周新民、李文宜、冯素陶、辛志超，没有费孝通，后来经罗隆基介绍，费孝通参加了。毕竟是文人聚会，安排不同一般：或学术交流或时局形势，交替进行；地点更别致：或泛舟滇池，秀色可餐；或竹林小聚，清风徐徐。罗隆基讲民主时的亢奋，华岗介绍延安时的沉稳，闻一多谈儒家时的激情给人印象深刻。一次，大家议论费孝通主编的《时代评论》杂志上的一篇文章，李文宜直言不讳地批评费孝通，一旁的周新民不住地扯她的衣角：原来不知何时费孝通已端坐一侧，洗耳恭听，一派学者风度。1960 年 12 月 1 日，吴晗在《人民日报》发表的《拍案而起的闻一多》一文中回忆说：“在这些会上，我们初步知道中国社会两头小中间大，统一战线政策，个人和集体的关系等等道理。以后我们又得到《论联合政府》、《新民主主义论》、《论解放区战场》等党的文献和《新华日报》、《群众》等刊物，如饥似渴地抢着阅读，对政治的认识便日渐提高了。”

尽管我们在费孝通文章中没有看到他当年“如饥似渴”地阅读毛泽东《论联合政府》、《新民主主义论》、《沁园春·雪》等诗文的描述，但从 2000 年春，他和上海大学朱学勤教授谈话时说到他在西柏坡和毛泽东第一次见面时发出“他的诗、词、文章多漂亮啊”的赞叹声中，不难看出毛泽东文章和诗词给他的深刻印象。

二 难忘西柏坡

1998 年 9 月 22 日，民革、民盟等 8 个民主党派在京召开座谈会，纪念各民主党派响应中共“五一”口号，为建立新中国奋斗 50 周年。费孝通出席了这次会议，还作了发言，他说：“中共中央‘五一’口号的发布和各民主党派的热烈响应，标志着我国的革命和统一战线进入了新的历史阶段，”“在这重大的转折时刻，中国共产党邀请各民主党派领导人和民主人士共同讨论成立联合政府、制定共同纲领、筹备召开政协会议等重大事情。这是历史的决策，是中华民族最大利益的需要，是建设一个民主富强的新中国的需要。我作为民盟的一员，有幸参加了这一具有历史意义的聚会，亲耳聆听了毛泽东主席要建立怎样一个现代化国家的教诲。”

费老说的“亲耳聆听”，讲的是 1949 年 1 月中旬，他和张东荪（代表民盟），雷洁琼、严景耀（代表民进）在西柏坡和毛泽东等中共领导人的面谈。

2000 年春，费老在与上海大学教授朱学勤长谈时提到了西柏坡之行，说：“这个内幕不知道了，被挑的人中有我、雷洁琼夫妇，张东荪，”“储安平当时就住在我家里面，他还怪我为什么不带上他。”说到这儿，费老意味深长地看了朱学勤一眼：“他不知道内幕。”

费孝通说的内幕究竟是怎么回事？

1948 年春，民盟中央常委、燕京大学教授张东荪给毛泽东写了一封信，信上说他愿为新中国的建立尽绵薄之力。4 月 27 日，毛泽东回信说：感谢你的来信，对先生的爱国民主活动表示热烈同情，邀请先生来解放区参加各民主党派、各人民团体的代表会议。3 天后，中共中央发布《纪念“五一”劳动节口号》，其中第五项提出：“各民主党派、各人民团体、各社会贤达迅速召开政治协商会议，讨论并实现召集人民代表大会，成立民主联合政府。”5 月 2 日，中共中央电示中共上海局，邀请各民主党派代表来解放区商讨召开新政治协商会议,张东荪、雷洁琼的名字出现在这份电报上。是年冬,时任燕京大学教授的雷洁琼收到马叙伦从东北解放区给她的来信,请她和严景耀代表民进去西柏坡。翌年初,林彪、聂荣臻向代表民盟参加北平和平谈判的张东荪转达中共中央的口信:邀请他去西柏坡会晤毛泽东。

早在三十年代,费孝通就听过张东荪的哲学课。费孝通后来回忆说:"他同我一直不错的,""民盟里面,我和张东荪最熟,""他带我一同到西柏坡。"

西柏坡之行显然给费孝通留下了极为深刻的印象。

五十一年后,当他再次说起他和毛泽东的第一次见面,语调很激动:"我第一次看到毛泽东,我佩服他,""他讲得好啊,中国的知识分子还是他呀!"

毛泽东说了些什么,费孝通没说,倒是同行的雷洁琼有过这么一段回忆:"1949 年 1 月中旬,我和严景耀以及费孝通、张东荪一行四人从解放了的北平西郊出发前往中共中央所在地——西柏坡。记得那是日暮时分,我们有幸和毛泽东、刘少奇、周恩来、朱德、任弼时、邓颖超等同志共进晚餐。饭后,我们随毛主席走进他的办公室,围着书桌坐下,亲切交谈。周恩来、刘少奇、朱德、任弼时也参加了我们的谈话。毛主席非常健谈,谈到了国内形势、对民主党派的希望和全国解放后的美好前景,一直谈到凌晨二时。毛主席透彻地说明了将革命进行到底的道理,推心置腹地希望民主党派站在人民大众的立场,和中国共产党采取一致的步调,真诚合作,不要半途拆伙,更不要建立'反对派'和走'中间道路'。"

听话听声,锣鼓听音。毛泽东的话显然是有所指的。

就在这次会晤时,张东荪和毛泽东有过争论。

毛泽东认为新中国的外交方针只能是“一边倒”，倒向苏联，张东荪则主张即不亲美也不亲苏，或者比较亲苏，但应与美建立良好美系，否则会刺激美国，导致美苏关系恶化，可能使中国成为美苏冲突的牺牲品。毛泽东说很多知识分子存在严重的亲美恐苏思想，张东荪不同意“一边倒”，就是这种思想的反映。

此前，毛泽东还看到过一份民盟在沪中央委员集体商议后转交中共中央的信函，内容是：1. 内政上实行议会制；2. 外交上对美苏采取同样的态度；3. 民盟有退出政府成为合法在野党的自由；4. 民盟内部的中共党员身份应公开，避免党盟交叉。这个由罗隆基执笔的信函讨论时就遭到在场的民盟中央常委史良，民盟中央委员楚图南、郭则沉的反对，最终这份致中共中央的建议书降格为致沈钧儒、章伯钧并通过他俩转交中共中央的信函。此时此刻，面对作为民盟的重要代表，应邀来西柏坡与他见面的张东荪，毛泽东把他对罗隆基执笔的那个东西的看法挑明了：“希望站在人民大众的立场，和中共采取一致步调，不要半途拆伙，更不要去搞什么‘反对派’，走‘中间道路’。”

此番会晤，毛泽东对费孝通印象甚佳。是年冬，民盟在京召开一届四中全体扩大会议。12 月 5 日晚，毛泽东在中南海接见出席会议的代表，讲话时，毛泽东提到了费孝通，说他和费振东（费孝通的大哥、民盟盟员）都为中国人民作出了贡献。

翌年秋，曾在清华大学念过书，时任中国人民外交学会副会长的乔冠华来找分管文科的清华副教务长费孝通，请他主持《毛泽东选集》英文翻译工作。费孝通说我的能力有限，你还是去找你的老同学钱锺书吧。

2003 年夏，杨绛出了一本《我们仨》，书中说：“锺书到清华工作一年后，调任翻译毛选委员会的工作，住在城里，周末回校，仍兼管研究生。翻译毛选委员会的领导是徐永煐同志，介绍锺书做这份工作的是清华同学乔冠华同志。事定之日，晚饭后，有一位旧友特雇黄包车从城里赶来祝贺。客去后，锺书惶恐地对我说：'他以为我要"南书房行走"了。这件事不是好做的，不求有功，但求无过。'"《我们仨》是2003年7月出版的。至少到那个时候，杨绛本人（包括1998年去世的钱锺书）并不知道，介绍钱锺书做毛选翻译工作的，不是清华同学乔冠华，而是清华同事费孝通。

三　力保社会学

1949年11月17日，时任清华大学副教务长的费孝通出席了国家教育部在京召开的"华北区及京津十九所高等院校负责人会议"，会议的主题是商讨高等教育的改造方针。费孝通注意到，社会学和其他社会科学不一样，没有一般的特定的分类列举，只有原则性的指示，有人猜测社会学可能就要被取消了。

几个月后，费孝通写了一篇《社会学系怎样改造》，说："当其他社会科学性质的学系尚分别存在时，社会学系亦无先予取消的必要，而且正可以社会学系为基础加强马列主义基本理论课程。"

1951年上半年，陆定一到清华大学就高等院校院系调整听取意见，费孝通带头反对。陆定一后来说都是你们反对，所以院系调整推迟了一年。费孝通反对院系调整的主要原因，就是担心社会学系被取消。

果然，1952年6月开始的高等院校院系调整很快波及社会学，全国高校二十多个社会系纷纷被砍，费孝通心如刀绞。在中南海的一次会议上，费孝通当面向毛泽东谏言，甚至“苦苦哀求”，希望不要让中国的社会学断子绝孙，多少留一个种，留点苗苗。费孝通后来回忆说，毛泽东当时的语气和手势十分干脆：不能留，坚决断子绝孙！

1957 年 1 月，《新建设》发表了吴景超的《社会学在新中国还有地位吗?》。2 月 20 日，《文汇报》发表了费孝通的《关于社会学，说几句话》：“我并不想再去讨论几年前大学里取消社会学系是否是正确的。我也并不想在社会学这个名词上来做文章。我觉得应当从当前社会主义改造和社会主义建设的需要上来提出这个问题。”在列举了诸如“党与非党”、知识分子问题、人口问题之后，费孝通心平气和地说：“对于这些问题用科学方法来调查研究比闭了眼睛说没有问题对我们有利。如果我这样说法是对的，自然要问，谁来研究，由党派和政府的干部拿出一部分力量来研究好呢，还是搞一批人出来专门做这些工作好呢？我想是专业来搞应当好些。搞得出一套学问来吗？我认为是可以的。这些都是客观存在的事物，它的变化是有一定道理的，分析得出一些道理来，不就是学问吗？至于这些科学称什么名称，那倒无关宏旨。如果大家觉得社会学三个字不讨厌，用三个字也要得。如果很多人看了不舒服，想出个顺眼些的名字来，当然也好。”

不过几个月的功夫，这篇不温不火的文章竟然招来急风暴雨般的批判。

四 “反右”起波澜

1956 年 7 月 26 日，《人民日报》发表了费孝通的《为西湖不平》，文中说西湖边“差不多有一打的坟”，让人觉得“西湖原来是个公墓”，更让人不能忍受的“是那个十足官僚菩萨型的岳王塑像”，“是要四处叫喊，叫喊到把这个泥菩萨拆掉为止，”“百家争鸣想来能包容我这些话。”此时，毛泽东在北戴河，每天除了和刘少奇、邓小平等商量中共八大主要文件的修改，便是下海游泳，精力好，心情也好。看了费孝通的文章，他很赞赏，问：费先生现在何处？周围的人说不出，只得作罢。不然，以毛的个性，会让费孝通立即来此，当面切磋。

据费老回忆，1956 年毛泽东曾请他和冯友兰到中南海家去吃过两次湖南饭，生于水乡江南的费孝通不吃辣，所以这两顿辣味十足的“湖南饭”给他印象深刻。2000 年春，费孝通在接受上海大学教授朱学勤采访时说：“他请我们吃饭，大家瞎谈。这一聊，聊出了许多东西，他说千万不要学苏联，一学就不要革命了。”

撇开专业不说，费老一生中影响最大的文章应该算《知识分子的早春天气》，这篇文章和毛泽东也有那么一点关系。1957 年 2 月 27 日上午，费老把这篇反复修改的文章送了出去。当天下午，毛泽东在最高国务院会议扩大会议上讲话（后来被整理成《关于正确处理人民内部的矛盾》）。费老说那天有外宾参观中央民族学院，事先又不知道毛泽东要讲话，所以没有出席会议。“晚上潘光旦先生听了讲话回来，兴冲冲地来找我，”“下一天一早起来拿出底稿，把后半篇重写了一道。”3 月 24 日，《人民日报》发表了《知识分子的早春天气》，当天的《人民日报》成了抢手货。一时间，全国上下谈天气。

然而，不过几个月的工夫，《知识分子的早春天气》竟然成了“资产阶级右派进攻的信号弹”。

五 沧海沉浮

直到暮年,费孝通在公开场合都不愿深谈他在反右斗争中的遭遇。

1998 年,北京大学出版了他的《从实求知录》,其中有《经历·见解·反思》,文中说:“1957 年,气氛突然改变。我不知道这一变化背后是什么,但是我发觉自己落入陷阱。……我的大多数朋友和同事都起来批判和谴责我。……那是我第一次经历这样的事情。我没有这种经验。群众攻击! 所有的脸都突然转过去,在一周之中!”

就在费孝通茫然若失之际,毛泽东把他请进了中南海。游泳池边,毛泽东谈起个人遭遇:“戴一戴右派帽子有什么关系,不要紧。我这个人戴过多少帽子呀,我可是一直在帽子底下做事情的。”说到这里,毛泽东看了费孝通一眼,意味深长地说:“帽子戴上去怕什么,它会飞掉的。”

毛泽东说这番话是在 6 月 28 日。时隔三天,他乘专机飞往杭州。7 月 8 日,他在上海干部大会上讲话时,谈到了费孝通:“他们是知识分子,有些还是大知识分子,比如北京的费孝通,争取过来是有用的。”

10 月 13 日,毛泽东在最高国务院会议第十三次会议上发表讲话,再一次提到了费孝通:“现在民主党派的成员,大学教授、文学家、作家,他们没有工人朋友,这是一个很大的缺点。比如费孝通,他找了二百多个高级知识分子朋友,北京、上海、成都、武汉、无锡等地都有。他在那个圈子里头出不来,还有意识地组织这些人,代表这些人大鸣大放。他吃亏就在这个地方。我说，你可不可以改一改呀？不要搞那二百人，要到工人、农民里去另找二百个。我看知识分子都要到工农群众中去找朋友，真正的朋友是在工人、农民那里。”

据费孝通回忆，反右斗争高潮过后，有人请示毛泽东，费孝通这样的人怎样处理，毛泽东大手一挥：教授还是教授，工资降一降。

这以后，毛泽东再也没有提到过费孝通。

“文化大革命”运动中，费孝通“享受”“死老虎”待遇，除了陪斗，便是劳动。1967年将毛泽东在最高国务院扩大会议上讲话告诉费孝通的潘光旦，就是因为长期坐在地上拔草，膀胱发炎又得不到及时医治，死在费孝通怀里的。尽管如此，费孝通对“文革”仍有自己的理解。1987年，他对来华访问的美国人类学家巴博德说：“真的，我仍不认为毛泽东发动‘文化大革命’没有某种确定的、真正的远见。他企图做某种很深的事情，但是失去了控制。他想要解决的问题并未解决，反而引起国家的重大损失。”

2000年春，费孝通再次提到了“文革”，他对访问他的上海大学教授朱学勤说：“是不是中国的历史非得这么冲一冲？否则旧的东西不会过去，这个冲一冲有道理的，不会没有道理。”对于毛泽东，费孝通是这么说的：“毛泽东有魅力呀，现代知识分子都服他的，他的诗才、词才都很好，服了，服了。”

毛泽东与梁漱溟、张申府的交往

校 园 岁 月

2013 年是毛泽东诞辰 120 周年。毛泽东与梁漱溟、张申府同庚，一起在北京大学谋过事，不同的是，梁漱溟、张申府是老师，毛是北大图书馆管理员。对毛来说，这份工作挺称心，一则可以阅读各种最新出版的书籍报刊，二则可以结识名流学者和有志青年。当然毛也有不称心的时候。比如，有一次张申府指手画脚地让毛重新填写一叠图书卡片，这样的事梁漱溟没有。他那时常去杨怀中家。二十年后，梁漱溟去延安，毛说："梁先生，民国七年，你常来杨怀中先生家串门，总是我开的门，你还记得吗？"

毛泽东在北大的时间不长，1919 年春离开北大，第二年筹建了长沙共产主义小组，1921 年出席中共一大，成为中共创始人之一。与毛相同，张申府是北京共产主义小组的发起人之一，出席中共一大的张国焘就是张申府和李大钊介绍入党的。毛离开北大一年之后，张申府漂洋过海去欧洲留学。张申府还是周恩来和朱德的入党介绍人。可作为中共四大代表，他和年轻党员发生了矛盾，一怒之下，退党了。梁漱溟离开北大是在1924年。五年后，他去山东开展了乡村建设运动。

抗战风云

1938年1月，梁漱溟风尘仆仆去了延安。他以为中共的领袖是时任总书记的张闻天。张告之毛是中共军委主席，于是便有了梁和毛的几次谈话，其中两次通宵达旦。

这次延安之行，给梁漱溟留下了深刻印象，尤其是毛泽东。梁漱溟曾经撰文说:“此番会晤，在我的印象上甚好。古时诸葛公称关美髯曰逸群绝伦，我今亦有此叹。他不落俗套，没有矫饰，从容、自然而亲切。”

是年夏，毛泽东将一本尚未裁剪的《论持久战》寄给张申府。当时，张申府在武汉，是周恩来任副部长的政治部文化委员会的委员。此前，毛曾在延安窑洞向梁漱溟说过《论持久战》的主要论点，梁说“:我佩服得五体投地。”

在延安，梁漱溟曾和毛泽东谈过怎样解决党派之争的想法。离开延安后，梁漱溟根据他对中国问题的认识以及延安之行的印象，提出了一个从根本上解决党派之争的方案:第一步召集各党各派会商国是国策;第二步建立党派综合体代表国民行使政权，而以治权属于政府，政府不能含有党派性。梁漱溟把这个党派综合体称之为“无色透明体”。1945年，毛泽东《论联合政府》发表后，梁漱溟在重庆的一个座谈会上说，毛泽东《论联合政府》中的论点脱胎于他的“无色透明体”。有人提出质疑，梁漱溟瞥了他一眼说:“青年人，你没有真正听懂我的话，你要努力学习，二三十年后，你才有能力来评价我的观点。”凡是和梁争论过的人，几乎都领教过他的傲气，黄炎培就曾说：“有人评漱溟为‘意必固我’四字俱全。”

调 解 国 共

1946 年 3 月，梁漱溟再赴延安，与毛泽东再次会面。

是年 1 月，旧政协会议在重庆召开，蒋介石满面春风地出席会议，信誓旦旦地宣布政府将实施包括人民“享有身体、信仰、言论、出版、集会、结社的自由”等四项诺言，尽管旧政协通过了《和平建国纲领》等五项决议，尽管中共中央发出了“中国走上了和平民主建设的新阶段”的指示，梁漱溟不以为然，他去延安，就是要向毛表示蒋介石不死，和平民主之路不通。他还当面给毛讲述了“无色透明体”。

与上次相同，毛泽东时而端坐，时而站起，时而踱步，只是没有插话，梁说完以后，毛也没有说什么。直到 1949 年 12 月 6 日，中共方面才通过周恩来对梁漱溟的“无色透明体”作了评价：“我们最熟悉的朋友梁漱溟先生，他主张‘无色透明体政府’，这是走不通的。政治上无色透明是没有的，还有什么透明体政府？”

梁漱溟这次延安之行还有一个目的，就是告知中共领袖，他将退出政治，专心从事文化研究。不料，他返回重庆后便被“套”住了。当时民盟秘书长是张东荪，他说自己要回北大教书，把秘书长辞了。张澜、沈钧儒、黄炎培、张君劢、章伯钧纷纷出面，劝梁漱溟担此重任。只有罗隆基没劝他，为什么呢？梁漱溟说：“他自己想当这个秘书长。”

梁漱溟上任不久，即遭遇了一件惊天动地的大事——李公朴、闻一多先后在昆明遭国民党特务暗杀。当时，梁漱溟住在南京民盟总部，主持民盟中央工作。闻一多被杀的第二天，他即以民盟中央秘书长的名义对新闻界发表讲话："李闻两先生都是文人、学者，手无寸铁，除以言论号召外无其他行动。假如这样的人都要斩尽杀绝，请早收起实行民主的话，不要再说，不要以此欺骗国人。我个人极想退出现实政治，致力文化工作……但是，像今天这样，我却无法退出，我不能躲避这颗子弹，我要连喊一百声'取消特务'！我倒要看看国民党特务能不能把要求民主的人都杀光。"讲到这里，梁漱溟怒目横眉，掷地有声地说道："特务们，你们有第三颗子弹吗？我在这里等着它！"

此后，梁漱溟与民盟中央副秘书长周新民一同去昆明，经过千辛万苦，终于写出了《李闻案调查报告书》，并在上海举行记者招待会，以大无畏之精神报告了李闻血案的调查经过。当年在上海听过他报告的曹聚仁先生感慨地说："也只有他那么刚直才敢以视死如归的精神，对记者群以沉痛的口吻来说案情。"

如果说刚直使梁漱溟在李闻血案的调查中大放光彩的话，那么在调解国共和谈的过程中，这刚直恰恰成了导致他失败的一个重要因素。

1946 年 10 月，梁漱溟因调解国共和谈失败，辞去了民盟中央秘书长。时隔多年，梁漱溟在回顾这段往事时，曾感慨地说："我这个人做一件事，从来讲究认真二字。但我深知自己才疏学浅，政治上的党派是非之争更是一个门外汉，而且自身又是拿定了一个主意，即性格不易改变，如何做得了这一上下左右，方方面面都要顾及的秘书长呢？"

就在梁漱溟匆匆离开南京之时，张申府正洋洋得意地活跃在政治舞台的中心。一年前，毛泽东赴重庆谈判，第三天的晚上，张治中在桂园设宴款待毛泽东，张申府出席了这次宴会，毛和他聊起在北大时的旧事。后来诗人臧云选和毛会面，就是张申府通知的，当时臧提起张申府时，毛说“他是我的老师”。

1946 年 11 月 11 日，第三方面聚会南京交通银行，决定上书蒋介石，要求国民大会延期一个月，“需照政协程序先改组政府，由改组之后政府主持开会”。在场的民盟中央常委沈钧儒、黄炎培、章伯钧、罗隆基、张君劢、张申府都在这封信上签了名。此后，张申府和沈钧儒、章伯钧同去向周恩来汇报，周恩来不赞成。于是，张申府匆匆赶回交通银行，把信上他和沈钧儒、章伯钧的签名涂去。在当晚第三方面的聚会上，张申府解释说，“我们签名之后去报告周恩来，中共方面认为不能同意这一举动，所以我们三人又转来把名字涂去”。在场人士惊愕无语。

两年后，张申府以一篇《呼吁和平》再次让人惊愕。结果，香港民盟总部开除了他的盟籍。

张申府怎么了？1981 年的那个夏天，他对采访他的美国学者舒衡哲说：“每个人都对战争厌烦了，但对我来说，情况更为不妙，因为我被困在北平，于是我写了《呼吁和平》。几个月之前中共自己也曾作出同样的呼吁，但我不知道战局在农村已扭转了，中共已取得上风，他们要打下去直至胜利为止。几个星期的时间，几百里路的距离，使我的文章落后于中共的观点。”

张申府《呼吁和平》发表后不久，梁漱溟于 1949 年 2 月 13 日在《大公报》上发表了《敬告中国共产党》，说：“以武力求统一只有再延迟中国的统一”，还说：“我要求做一诤友。”当年 12 月中旬，和梁漱溟同住一室的青年拿着毛泽东为解放南京而作的诗词读给梁听，读到“宜将剩勇追穷寇”时，梁连连摇头说：“错了！错了！中国文化是以意欲自为调和持中为根本精神的。”梁漱溟的不合时宜，自然招致进步方面的猛攻。为此，他发表了《答香港骂我底朋友》：“我认为今天的事情，在中国要建设，在世界要和平，都只有各方面彼此包容，互相修正而合作，才能行，如若不然，彼此隔阂，彼此误会，彼此相斥斗争，那在国内将扰攘不宁，在世界将难免于毁灭。”

暮年坎坷

建国初，梁漱溟是毛泽东的座上客，但他时有惊人之举。1950年3月12日，毛约见梁漱溟，说：“你可以参加政府吧?”梁却说：“把我留在外边不好吗?”同年9月23日，毛在询问梁去河南、山东、东北参观后的情况后说：“你看了老解放区，又看了新解放区，但都在北方，你可以再去广东看看，趁热打铁，收获会更大的。”梁回答：“参观的时间长了，想休息一下，去广东就缓一缓吧。”1952年8月7日，毛又约见梁漱溟，梁对巴甫洛夫感兴趣，请求去苏联。毛摇头说：“这不合适，人家会问，中国的什么单位派这么一位上年纪的老先生去搞什么研究？我看你还在国内继续走走看看，我可以通知各地的负责同志，要他们给你提供一切资料和方便。”两天后，中央统战部副部长徐冰来问：“梁先生什么时间出发?”梁以身体不适，推辞了。梁漱溟后来说：“我当时依然我行我素。”

1953年9月，梁漱溟终因“我行我素”与毛泽东发生公开争执，从此他再也没有见到毛泽东。但毛泽东并没有忘记梁漱溟。1975年10月16日，他在《学部老知识分子出席国庆招待会的反映》中批示:“金无足赤,人无完人,可惜未请周扬、梁漱溟。”梁漱溟又是如何评价毛泽东的呢?晚年,面对众多来访者,面对同一个提问,梁漱溟的回答挺特别:毛泽东不是一个,而是有多个:既有为创党建国立下丰功伟绩的毛泽东,又有随心所欲,使党和国家遭受巨大损失的毛泽东;既有思想家、革命家、军事家的毛泽东,又有文学家、艺术家的毛泽东。他是变化的,什么时候好,什么时候不好,取决于种种主客观原因。至于1953年他与毛泽东的争论,梁漱溟说:“那是由于我当众与毛泽东顶撞,促使他在气头上说了若干过火的话。如果说当时意气用事,言语失控,那么是我顶撞在前,才有毛泽东的批判在后。公平地说,这些气头上的话,双方冲口而出,都经不起推敲和检验。”

胡乔木是1953年梁漱溟与毛泽东激烈争论的亲历者,晚年他回忆说:“毛主席发火欠妥。但为什么发火?当时的关键是对待工业化的问题。不少人认为中国穷,要与民休息,搞工业化哪里来的资本,同梁的争论主要在这里。梁说工人和农民生活有九天九地之差,再搞工业化农民活不下去了。毛主席觉得搞工业化完全是为了国家大计,是非做不可的事。梁漱溟讲得这么尖刻,毛主席气得很。”还有一位中共领导胡耀邦,1985年他在接受香港《百姓》半月刊社长陆铿访问时提到1953年那件事:“可能毛主席也有他的想法,国家的事情这么复杂,你却在那么样地瞎放炮,不大好吧!就给批了一下,现在看是过头了!”在胡耀邦眼里,梁“是不大讲我们的好话的”,“尽管他不讲我们的好话,也应该允许人家么!”

同样呼吁和平,张申府和梁漱溟的命运迥然不同,为什么呢?还是让我们来听听张申府本人怎么说的吧:“那是五四时期,毛泽东在我属下工作。解放之后,他到处说:‘张申府的老板面孔很难看。'他忘不了我有一次要他重新写一叠图书卡片。"张申府说的是1918年的事。那年10月,李大钊安排毛泽东到北大图书馆当助理员,每天工作除打扫卫生外,便是登记新报刊和阅览者的姓名。张申府比毛泽东早来北大一年,他是教逻辑的讲师,常去阅览室,让毛泽东重写图书卡应该是那个时候,毛泽东对斯诺谈过这个时期,说:"我的工作之一,就是登记来阅报的人名,不过这般人大半都不把我放在眼里。"建国之初,张申府一度没有工作。后来章士钊对毛泽东说,申府也算中共的老人了,他的工作应该安排一下。毛说他是我的顶头上司,我怎么敢安排他呢?后来在周恩来的指示下,张申府被安排到北京图书馆。

五十年代起,梁漱溟常去张申府家,或借书,或叙旧,有时还吃一碗炸酱面。"文革"初期,红卫兵抄梁漱溟的家,烧他的书,还把他的夫人打伤了。那个时候,梁漱溟的家门可罗雀,但张申府仍旧前往。1980年6月16日,章伯钧夫人李健生去看张申府,谈及"文革"时的情形,张申府说:"我有时间就去看望梁漱溟,他那时又老又可怜。"晚年,张申府多次和人说起毛泽东,对毛有怨气,这种怨气,梁漱溟没有。

除却衡山不是石

今年是民盟中央原主席、伟大的爱国主义者、著名的法学专家和律师沈钧儒先生诞辰 140 周年。沈钧儒，号衡山，祖籍浙江嘉兴。1875 年 1 月 2 日出生于江苏苏州。在盟内，大家尊称他衡老。上个世纪八十年代，我进民盟工作不久，一次活动，听何济翔先生说：咱们民盟有两个圣人，张澜先生是北圣人，沈钧儒先生是南圣人。

说到衡老，我们首先想到的是爱国七君子。1963 年衡老逝世后，著名喜剧家田汉作诗“挽沈老”，诗中曰：“示威常忆南京路，领队高唱义勇军”，讲的是衡老当年率众举行抗日游行，高唱《义勇军进行曲》的往事。1936 年 11 月 23 日，衡老等七位救国会领袖被捕入狱。12 月 12 日张学良、杨虎城发动“西安事变”，要求国民党当局立即释放“七君子”。可以说，作为七君子之首，衡老为抗日民族统一战线的建立，作出了重要贡献。如今，我们缅怀衡老，首先应该吸取的是他发自心底的爱国主义情怀。为爱国，他走上了与中共亲密合作的道路，成为民主人士左派的旗帜。

对于衡老人们有一种说法，此老色彩太红。1939 年 11 月 29

日,梁漱溟先生就成立统一建国同志会去见蒋介石,在介绍成员时,提到衡老的名字。老蒋眯着眼说:“他和你们不一致吧。”这也是民盟创立之始,为什么没让衡老和救国会立即参加的主要原因。实际上,生活中的衡老正如他自己主张的那样,是个“主张坚定、态度和平”的谦谦君子。有诗为证:1947 年民盟总部被迫解散以后,心力交瘁的黄炎培收到衡老赠给的一笔寿金,欣喜之余,作词一首,称赞衡老“此表煦煦以为仁,作风殊不似左倾。”十年后,在反右运动起始之际,衡老诚恳地劝告罗隆基:“你的错误大家可以讲,但不如自己交代好”,还对“摩拳擦掌”者说:“不要让朋友走上敌人的道路”。次年春,衡老来沪视察,专门约见已被打成“右派分子”的沈志远、徐铸成。他真挚地对沈志远说:“我过去学马列,是从你那里学的,你是我的老师。不要灰心丧志,你要振作起来,将来你还是我的老师。”

如今,人们讲究生活品质,但往往只求奢华,不讲内涵。这方面,衡老是榜样。他提倡身心健康,数十年如一日,每天坚持自己创作的健身操。每日三餐,定时定量,细嚼慢咽。他还有个嗜好,收藏石头。和一般文人雅士不同,他爱石一取石之坚贞,二是寄托对亲人、国家、人生的怀念和挚爱。在他收藏的石头中,有他当年陪同亲属自上海赴陕西途中捡拾的五块石头。晚年,他细心地将这五块石头放进木盒,亲书纸条,上书“庚子我二十七岁(虚岁),随十一叔父赴陕西,与大哥、三弟(仲朴)等在老河口襄河坐一船拾石。”衡老是 1963 年 6 月 11 日逝世的。那一年上海男性平均期望寿命六十八岁。他能够健康长寿,是和积极向上的生活追求分不开的。

在衡老诞辰 140 周年之际,我和从事律师职业的青年盟员一同前往衡山公园，向园内的衡老塑像敬献鲜花。1991 年，有关方面决定在上海衡山路衡山公园为衡老塑像。是年 10 月 17 日，我和统战部同志去衡老出生地苏州，将一块巨石送至上海。后经盟内著名雕塑家章永浩之手，这块巨石被塑成栩栩如生的衡老塑像。睹像思人，衡老虽然早已离开了我们，但他的精神犹如衡山之石，百岁千秋。

玄武泛舟话先贤

说起民盟和南京的缘分，玄武湖是一个绕不开的话题。

七十年前的5月9日，玄武湖碧波荡漾。在一叶扁舟上，一袭长衫的陶行知先生用略带激动的口吻宣布：民盟南京支部成立了。那一年陶先生五十五岁。人们怎么也想不到，两个多月后，因李闻血案刺激，陶先生突发脑溢血病逝。

1946年是民盟历史上难忘的一年。是年1月在重庆召开的政协会议上，民盟与中共携手，通过了和平建国等五项决议。在举国欢庆政协成功之际，国民党开始了破坏行动。6月23日，上海数以万计的群众聚会北火车站，陶行知在大会上大声疾呼："八天的和平太短了，我们需要永久的和平；假装的民主太丑了，我们需要真正的民主！"

当时的民盟，已成为中国政治舞台上反内战、争民主的重要角色，也成了国民党迫害打击的主要对象。

7月11日、15日，民盟中央委员李公朴、闻一多血染昆明。7月18日，玄武湖畔传来了民盟中央秘书长梁漱溟铿锵有力的声音："李、闻两先生都是文人、学者，手无寸铁，除以言论号召外无其他行动”,“假如这样的人都要赶尽杀绝,请早早收起宪政民主的话”,“我个人极想退出现实政治”,“但像今天,我却无法退出了”,“我要连喊一百声‘取消特务’,我就要看国民党特务能不能把要求民主的人都杀光”,“特务们,你们有第三颗子弹吗?我就在这里等待着!”8月6日,梁漱溟与周新民联袂前往昆明,调查李闻血案真相。8月26日,梁漱溟在沪报告李闻血案调查经过。多年后,著名记者曹聚仁回忆说:“也只有他那么刚直,才敢以视死如归的精神,对记者以沉重的口吻来说案情。”

此时的南京,天尚炎热。时任民盟南京市支部组织委员的何济翔得知梁返金陵,慕名前往,邀他为南京盟员介绍昆明调查经过。为避开特务跟踪,他们租船一艘,泛舟玄武。时隔半个世纪,年过九旬的何老先生动情地说:“只见梁先生身穿罩衫,手持白折扇,应邀而来,我们就请他上船,船荡开去,他就在船上和我们七八人从容娓娓而谈”,“我是第一次见到这位中外闻名的学者与哲人,十分敬仰,而先生外貌,亦使人景慕”,“至今时隔五十余年,一种仙风道貌,好像犹在目前,实为生平难得之遇”。

那个时候,文汇报名记者黄裳是南京民盟总部所在地蓝家庄的常客。当时的热点是国共和谈,忙里偷闲,黄裳想写一组有关金陵文化的文章,可一时找不到感觉。一日,他去蓝家庄采访梁漱溟,在二楼一间很小的房间里见到了梁漱溟,“水晶眼镜,白布小褂,一双凉布鞋”,黄裳说:“南京的文化是在这里了。”

夏去秋来。1947年10月27日,国民党宣布民盟为“非法团体”。当日,民盟在沪中常委紧急集合,公推黄炎培、叶笃义赴南京与国民党当局交涉。10月28日,黄炎培抵达南京,住在四子黄大能家里。在与国民党当局周旋多日后,黄炎培不堪重负。11月2

日，他在大能先生的陪同下去玄武湖小憩。湖光秋色，难以洗去积压在心底的郁愤。他沉吟片刻，作《玄武湖秋感三绝》："黄花心事有谁知，傲尽风霜两鬓丝。争羡湖园秋色好，万千凉叶正辞枝。/红黄设色补寒苔，点缀秋光枉费才。毕竟冰霜谁耐得，青松园角后调才。/那有秋纨怨弃遗，金风尽尔鼓寒漪；谁从草际怜生意，百万虫儿绝命时。"

我看到这首诗是 1988 年的夏天。那年 7 月，《上海盟讯》发表了黄大能先生的《南京地下——怀念几位战友》。文中提到，1947 年秋，其父赴宁与国民党交涉时游玄武湖赋诗的往事，说："这是他老人家在时局动荡即'百万虫儿绝命时'的危急时刻，充分显示他那'青松园角后调才'的骨气。以后，民盟总部被迫总辞职，一度曾引起一些人对他的误解。作为当事人，我对父亲的心情是十分理解的，所以这款条幅至今犹挂在我的书房。"

如果说《玄武湖秋感三绝》委婉曲折，那么民盟总部解散后，黄炎培在《国讯》上发表的《我与民盟》可谓直言不讳，特别是文章结尾："一部大历史，信而见疑、忠而被谤者不知凡几。民盟已矣，自我发之，自我收之。知我罪我其惟春秋。"这样的文字，至今读来，仍有心贯白日之感。

几年前，我在《李文宜回忆录》中看到这样一段文字："我在总部是民盟中央妇委副主任，也是章伯钧为主任的组织委员会的委员之一。章常住上海，组委会只有唐万延一名干部，所以我有时也要帮助做些组织工作。章伯钧为了要筹备民盟南京市支部，开了一大批筹备委员的名单，口头告诉我说'民社党的罗任一是筹委主任，你是副主任，带着干部樊光先干起来，宣传工作由叶雨苍等人负责'，但后来没有开过一次会。我和樊光二人调查了解到随各自机关复原进南京的盟员共有五十多名，还不包括学校教师在内。这些人一般都是胆子比较小，我们逐个访问，并带去民盟有关资料让他们学习。她们白天都不敢看，要在夜间躲在文章里用手电筒照着看。我将他们分成小组，分别在玄武湖的小船上召集他们开个小组会，但这也只能在星期日开，一个星期日只能分上午、下午开两个小组会，一个月也只能开八次，基本上每人大概可以参加船上座谈一次。樊光这位青年干部热情积极而机智，我们合作得很好。这是一段最艰苦细致而值得纪念的工作，劳累倒在其次，问题是从思想上把大家团结起来，在极其困难的情况下为一个共同的事业而奋斗，是有它的客观规律性的，对民盟的贡献也是不能忽视的。但后来我们民盟的文献上没有提起过，当然在盟史上也就成了一个空白。”

也许笔者孤陋寡闻，南京民盟和玄武湖的这段缘分，我在其他相关的史料中还真没见过。

多年前，我曾随机关同仁去南京，泛舟玄武，印象深刻。今日撰文，思贤生情，赋诗一首：君问归期未有期，秦淮夜雨涨春池。何当再持船桨日，却话泛舟玄武时。

卓越的马克思主义传播者——沈志远

1937年春夏之交，在延安窑洞里，毛泽东认真阅读着《辩证唯物论和历史唯物论》，他不时抓起笔，在书页上画着各种符号，并在字里行间写下批注。这本由沈志远翻译的苏联米丁撰写的著作给毛泽东留下了深刻的印象。二十三年后，在中南海怀仁堂的一个晚会上，毛泽东握着沈志远的手说"你是人民的哲学家"。

传播真理　功勋永垂

1902年1月，沈志远出生于浙江省萧山长巷村一个书香人家。四岁时举家迁至钱清镇，在那儿读了七年私塾。1913年，十一岁的沈志远到杭州寄宿在叔父沈肃文家，插班进沈肃文主持的浙江第一师范附属小学。沈肃文是中华职教社的成员，解放后任北京大学总务长，轻工业部财务司司长。他的进步思想给少年时期的沈志远以深刻的影响。

1916年沈志远升入浙江省立一中。受新文化运动的影响，沈志远进步很快。当五四运动的浪潮波及浙江时，十七岁的沈志远不顾省府“当处死刑”的训令，毅然参加了杭州学生联合会，组织罢课和抵制日货的示威游行。为此，他被校方“劝告退学”。为完成学业，沈志远来到上海，报考收费较低的交大附中。那一年交大附中只收插班生十名，沈志远从容应考，以第6名的成绩被录取。交大的前身是南洋公学，学生中有邵力子、黄炎培、李叔同等风云人物。沈志远进校时，大学部出了一个“举动激烈、志不在学”的侯绍裘，他身上的爱国激情和豪爽之气深深地吸引了沈志远。

高中毕业后，沈志远因无钱上大学只得返回故乡，在沈肃文任校长的绍兴一中教英文。不久，在封建势力的诅咒声中，这所新兴学校宣告解散。侯绍裘没有忘记沈志远。1921年夏，侯回故乡接办了私立景贤女中，在他的邀请下，沈志远于1924年8月到景贤女中教书。次年春，侯绍裘出任上海大学附中主任，沈志远任副主任，教务长是陈望道，这一时期，沈志远结识了不少中共党员，深受《向导》、《觉悟》、《新青年》、《国民日报》等革命报刊的影响，并积极参加五卅运动。1925年上半年，经侯绍裘介绍，沈志远参加了中国共产党。

1926年12月，受中共上海党组织的派遣，沈志远前往莫斯科中山大学学习。1929年6月，他以优异的成绩毕业，被选送到莫斯科中国问题研究所当研究生。期间，沈志远还在共产国际东方部中文书刊编译处编译《共产国际》杂志中文版，并参加《列宁选集》中文版的编译工作。1931年底，沈志远将在苏联出生年仅四岁的儿子寄放在国际儿童院，只身返回了上海。

多年以后，沈志远曾对家人谈起，在莫斯科时的风风雨雨。那时正值肃反，有的同学今天还谈笑风生，明天便杳无踪影，于是心有余悸的沈志远便埋头苦读，发奋学习，对时局从不过问。

1932年起，沈志远先后担任过中共江苏省委文委委员，中央文委委员，还在上海暨南大学和北京大学商学院任教。他是社会科学家联盟的重要成员，担任过社联常委，曾为社联创办并主编《新文化》杂志，但这个刊物仅出版两期，就被国民党查封了。1985年胡乔木在忆社联重要人物时，就提到过沈志远。

沈志远的第一部著作《黑格尔与辩证法》，就是1932年他在社联工作时完成的。在这本介绍唯物辩证法的专著中，沈志远回答了为什么要掌握马克思主义哲学的问题，两个绝对相反的世界或社会经济体系的对立，已经达到空前的尖锐化，特别是在这样一个历史大转变关头，唯物辩证法之活的应用，应用于实际斗争的问题上去，已成为每一个革命思想家和实践家之刻不容缓的任务。

1933年，北京笔耕堂书店出版了沈志远编写的《新哲学词典》，收录了许多马克思主义哲学的概念。1936年，沈志远著的《现代哲学的基本问题》，由生活书店作为"青年自学丛书"出版发行。在这本书的序言中，沈志远写道：哲学在今日"已经不是少数大学教授、学术家和特殊知识分子的'专利品'了。一切靠做活吃饭的大众，也有自己的新哲学，……这里所说的哲学，正是这样的哲学，也就是新唯物论底哲学。……作者写这本小册子的目的，就在把这种指导大众生活和社会实践的哲学理论，作一番简略而扼要的介绍，以暂供给终日埋头苦干，时间经济两穷的朋友们。"这本书出版后，《读书与出版》杂志立即向广大读者推荐："这本书是给青年自修新哲学用的一本好书，它把现代哲学的骨干完全清晰地浮雕出来了，完全用通俗而简明的形式写成的，在大众生活过程中用以指导实践的认识体系。"据不完全统计，该书再版达十五次之多，是我国马克思主义哲学通俗化宣传的一部成功之作。

沈志远还翻译了不少哲学著作，其中最有影响的是苏联米丁等人主编的《辩证唯物论与历史唯物论》，其上册《辩证法唯物论》被《读书月报》誉为“实在是一本最好的辩证唯物论教科书”，到1950年共出了十八版。1939年2月，罗瑞卿在《八路军军政》杂志上发表文章说：“读几本哲学书，根据我个人的经验，首先推沈志远所译之《辩证唯物论与历史唯物论》比较通俗易读容易懂。”解放初期在一次会议上，薄一波对参加会议的人说：“沈志远翻译的《辩证唯物论和历史唯物论》影响很大，我们都是受了影响的。”

当年在延安，沈志远是个名人，1938年1月，梁漱溟访问延安，发现沈志远的著作影响很大。建国初，梁先生给沈志远写信请教过马克思的政治经济学，他对人说：沈君当年在延安是很有名的。

沈志远虽然对马克思主义哲学造诣很深，但他的主要精力还是放在研究马克思主义经济学上。他的第一部经济著作是1933年出版的《计划经济学大纲》。这本书在详细介绍苏联计划经济优越性的同时，也指出由于“主观上的处置失策或指导与组织未尽完善所致”，计划经济也存在矛盾。

沈志远的成名之作，是1934年5月由北平经济学社出版的《新经济学大纲》。这是我国第一部系统完整地介绍马克思主义政治经济学的专著。这本书出版后，立刻得到进步舆论界的好评，被《读书与出版》杂志誉为“荒野里一株冷艳的山花”。不少进步教授把这本书作为大学教科书，在它的影响下，许多青年接受了马克思主义，走上了革命道路。原民盟中央副主席陶大镛就曾回忆说：在大学时代，我就因读了他的名著《新经济学大纲》和苏联列昂节夫的《政治经济学》这两本书受到启蒙，开始走上研究马克思主义经济学的道路，当时我们这批正在追求光明，探索理想的青年学生，对他都十分景仰。原上海社联主席罗竹风也曾回忆说:"沈志远这个名字,我三十年代在北京大学读书时就知道了,……当时沈志远同志正在北平大学法商学院任教,他和李达等人一起……出版社会科学方面的书籍,《新经济学大纲》就是其中之一。沈志远写的这本书,是以马克思主义的观点,阐述社会主义经济学原理的,因而必然联系到苏联的现时情况,并把它作为蓝图来说明问题,这在当时来说,是难能可贵的。我买过本书,而且也认真读过,以为在经济学方面的启蒙作用,相当于艾思奇在哲学方面的《大众哲学》,不过更有系统、更有深度罢了。"李慎之在一篇文章中,也曾回忆说起过当年与同志们在延安认真阅读《新经济学大纲》的经历。

沈志远的另一部经济学代表作是1927年由上海生活书店出版的《近代经济学说史》,是他根据自己在北平大学法商学院任教时的讲义修订而成的。到1950年,先后出版过七次。

沈志远还有不少经济学译作,比较有影响的是1938年翻译的拉苏莫夫斯基的《社会经济形态》,1939年翻译的列昂节夫的《资本主义》,都是流传很广的大学读物。

在中国革命处于低潮的30年代,沈志远不畏艰险,创作了不少马克思主义著作和译作,为马克思主义在中国传播作出了不可磨灭的贡献。1985年在民盟中央和中国社会科学院联合举行的纪念沈志远逝世20周年座谈会上,胡绳发言说:沈志远同志是一个为传播马克思主义作过许多贡献的经济学家。在30年代中国革命的重要转折关头,他积极从事马克思主义政治经济学、哲学的著述和翻译,阐述马克思主义基本理论,帮助很多人掌握马克思主义基本原则和基本方法。无论在什么环境中,他对马克思主义的信念都是坚定不移的,坚信马克思主义是科学的真理,并以传播这个真理为己任。回顾马克思主义在中国的发展历史，我们忘不了包括沈志远同志在内为传播马克思主义而竭尽心力的许多革命知识分子。

投身救亡运动　参加民主同盟

1936年9月，沈志远应北平大学法商学院经济系主任李达邀请，到该院任教。在讲授《近代经济学说史》这门课程时，他不像其他教授那样对各经济学派只做客观主义叙述，而是运用唯物主义的观点逐一评判，学生们觉得新鲜，深受启发。因此，他的课程深受学生们的欢迎。六十年后，一位当年的学生回忆说："许多事情都已忘记，唯有沈先生讲课时'门庭若市'，同学们踊跃听课的热烈情景忘记不了"。

来北平前，沈志远在上海参加了救国会。当"七君子"被捕的消息传到北平时，沈志远与当地文化界一百零九人联名致电国民党政府："章等热心救亡，全国景仰，敢请即日定全开释，勿再拘传，以慰群情，共赴国难为幸"。这份电报使国民党当局大为恼火。次年春，南京教育部企图解聘参加联名致电的北平大学五教授陈豹隐、李达、沈志远、许德珩、程希孟，结果遭到北平大学校长和师生的一致抵制。

七七事变后，北平学校纷纷内迁。同年9月，北平大学迁至西安，与北平师大、北洋工学院等合并为西北联大。不久，日军对西安狂轰滥炸，西北联大于1938年2月，数千师生沿川陕公路步行七日至城固县，风雨同舟，沈志远始终和学生们在一起。同年7月，由于沈志远一直没有去国民党政府登记留苏历史，所以没有任教大学的合法身份，更由于他的讲课内容和政治倾向，终于在1938年底与曹清华、彭迪生等八位进步教授一起遭解聘。

此后，沈志远到达重庆，在邹韬奋主持的生活书店任总编，并主编大型理论季刊《理论与现实》，还担任了郭沫若主持的政治部文化工作委员会委员。对沈志远这一时期的活动，胡绳回忆说："1939年我在重庆时又遇到了他，并且一起工作。抗战开始后他先在西北联大任教，然后到了重庆，担任生活书店总编辑，并主编《理论与现实》。生活书店出版的《大学丛书》也由他主编。在这套丛书中收有马克思主义者邓初民、吕振羽等同志的著作，虽然很少为那时的大学所接受，但在知识界中是有影响的。他主编的《理论与现实》是个大型的理论刊物，提出'理论现实化'和'学术中国化'的宗旨，成为当时马克思主义学者发表论文的一个主要园地。这个杂志在重庆出版了三年，1941年初皖南事变发生后，因受政治压迫，和生活书店出版的其他杂志同时停刊。"

1939年春，沈志远和相爱多年的北平大学学生崔平结婚，此前，沈志远有过两次婚姻。第一次是在莫斯科，夫人叫李汉辅，很快他俩的婚姻就被在莫斯科社会主义大学就读的一位左倾路线的代表人物拆散了。第二次是1932年，他和上海当时的名作家、诗人关露结为夫妇，但好景不长，两年后他俩已是此情可待成追忆了。

在重庆，沈志远与周恩来有过多次接触。许隆新回忆说：郭老、邹韬奋、陶行知、马寅初、洪深、翦伯赞、邓初民、侯外庐、沈志远等人都是总理和董老经常接触的朋友。1940年，周恩来自苏联医治骨伤回国，曾亲口告诉沈志远，你的儿子在莫斯科生活学习得很好。皖南事变后，经周恩来安排，沈志远和国统区的许多文化界进步人士被疏散到香港。在香港沈志远同志继续从事写作，还协助邹韬奋复刊《大众生活》周刊。1941 年 5 月，他与邹韬奋、茅盾、金仲华、恽逸群、范长江、于毅夫、沈滋九、韩幽桐九人在《大众生活》上发表了《我们对国事的态度和主张》，声援遭受国民党迫害的马寅初先生，谴责当局对进步力量的摧残，提出了包括实现民主，严惩贪污，改善民生，解除对抗战文化的压迫与封锁，取消对人民的特务统治等九条保证抗战胜利的最低限度主张。

太平洋战争爆发后，沈志远与大批流亡香港的进步文化人士在中共东江纵队的护送下，翻山越岭，途经日军岗哨和土匪出没的地区，于 1942 年 1 月到达广东宝安游击区。在东江纵队司令部，他们受到了司令部曾山和政委林平的热情接待。在宝安沈志远与邹韬奋、胡绳、黎澍、戈宝权等生活了三四个月。他们住在山间的茅寮里，睡通铺，吃大锅饭，还要随时跟着游击队转移。生活虽艰苦，沈志远的兴致却很高，他参加了游击队的宣传工作，还为战士们上文化课。告别宝安时，他们立下了一块木碑，签名题诗，以纪念这段难忘的日子。

1942 年冬，沈志远经桂林回到四川，来往于重庆、成都。在成都，他参加了“唯民社”。“唯民社”成立于 1941 年春，由刘文辉、李相符、马哲民等发起组织，宗旨是“全民团结，坚持抗战，反对独裁，实行民主”。1944 年 9 月，中国民主政团同盟在重庆举行代表会议，决定取消团体会员制，盟员一律以个人名义加入，名称改为“中国民主同盟”。会议结束后，民盟主席张澜在成都亲自吸收了一批社会上有影响的知识分子和军政界人士加入民盟，“唯民社”成员全部参加民盟。同年 11 月，民盟四川省支部成立，包括沈志远在内的六名“唯民社”成员当选为省支部委员。原“唯民社”创办的

《大学月刊》也由民盟续办，沈志远任主编。与此同时，沈志远还积极参加民主宪政运动，多次出席有关宪政的座谈会，发言时他引经据典，学术气息浓厚，是宪政座谈会上极受欢迎的发言者。他还为《宪政》等刊物撰写了不少倡导民主政治的文章。

1945 年 8 月重庆出版界发起拒检运动，公布自 9 月 1 日起拒绝将信件送交国民党政府审查。当时重庆有四十余家杂志，在拒检声明上签字的有十六家，正当这十六家杂志面临封门威胁之际，在沈志远、黎澍等人的发动下，成都文化界发表通电，积极支持拒检声明，终于迫使国民党当局撤销了对报刊图书的检查。同年 10 月沈志远出席了在重庆召开的中国民主同盟第一次全国代表大会。会议期间，冯素陶提出要将“废除封建土地所有制，实行土地国有化”的内容写进民盟政纲，遭到董时进坚决反对，董认为中国农村的主要问题应是改良生产技术，双方激烈争论，相持不下。冯素陶的主张得到沈志远的有力支持。在这次大会上，沈志远当选为民盟中央委员。是年冬，救国会在重庆召开代表会议，改名中国人民救国会（仍简称救国会）通过了新的《政治纲领》，明确现阶段的主要任务是“反对外来的殖民帝国的民族压迫，反对国内封建主义与法西斯主义残余势力的压迫，因之，其革命性质，还是资产阶级民主主义革命，而不是社会主义革命。但它不是停留在民主主义革命的阶段，而是经由民主主义革命走向社会主义。”沈志远在会上当选中央执行委员，并且是十四名“特种委员”之一。

反内战争民主　迎接解放

1945 年 12 月，沈志远从四川回到上海。自 1936 年 8 月起他离沪已有九个年头了，他通过熟人找到了肖秉钺。

早在二十年代，肖秉钺就认识了沈志远，那时他刚进大学读书，沈志远既是他的老师，又是他的朋友，他让肖秉钺为民盟租借一处办公用房，并筹集部分活动经费，那时，肖秉钺与人集资合办了一家江西建业公司，又投资开了南海花园饭店。饭店的顶楼有大小两房间，原址是公司股东的俱乐部，但很少使用。沈志远认为交通方便，地点适中，十分满意。经肖秉钺与其他股东协商，同意免费借给民盟使用。于是，该处就成为民盟上海市组织的临时筹备处。

1946 年 2 月 10 日，国民党暴徒在重庆较场口冲击陪都各界庆祝政协会议成立大会，制造了较场血案。次日晚 8 时，沈志远参加了由马叙伦主持的紧急集会，决定保障人民自由委员会上海分会，并通电全国，强烈要求国民党政府严惩凶手。2 月 20 日，沈志远又出席了民盟在沪中央委员和部分盟员的集会，并被推举为民盟上海市支部筹备委员会的召集人。

1946 年曾被人称为“打架年”。在重庆，较场口的血迹未干，国民党又煽动了反苏游行，暴徒们趁机捣毁《新华日报》和《民主报》营业部，打伤工作人员多人；在西安，国民党特务捣毁《秦风日报・工商日报联合版》，杀害了该报的法律顾问；在南京，国民党特务大打出手，制造了下关惨案。紧接着，昆明街头又响起了罪恶的枪声，民主战士李公朴、闻一多倒下了……一时间，上海天空乌云翻滚，恐怖气氛弥漫街头。7 月 17 日，沈志远匆匆赶往陶行知住所，请他出席民盟的一个重要集会。此时，陶先生已接到了周恩来委派陈家康转达的通知：“反动派的榜上有你的名字，是黑榜探花。”陶先生做好了“等着第三枪”的准备，他对沈志远说：“我这几天不能来参加这些会了，我要把很久以来想整理而迄今没有功夫整理的十余年累积着的诗稿整理成书，把这件工作完成后，我就随时准备在与敌人的决斗中结束我的生命。”沈志远听后不禁悽然欲泪，但仍佯作笑容，劝他谨慎珍重。不料时隔 7 日，陶先生猝发脑溢血逝世。沈志远怀着悲愤的心情，告别上海，前往香港。

早在 1946 年初，沈志远就被推选为民盟南方总支委员。在香港他积极从事民盟工作，继续主编《理论与现实》。这年秋天，陶大镛去英国进修，途经香港，受到沈志远的盛情款待，太平洋战争爆发前，陶大镛从重庆到香港，追随沈志远从事进步文化活动。以后在重庆他曾请沈志远到中央大学作“怎样学习新经济学”的报告。从此陶大镛尊沈为师，经常求教，故地重逢，两人举杯欢叙。沈志远希望陶大镛去英国后，广泛团结爱国侨胞，推进民主运动，还向他追述民盟成立的经过，并介绍他加入民盟。

当时，由中共南方局直接领导、民主人士出面创办的达德学院已经开学，沈志远是该校商业经济系主任，开学伊始，达德学院就以强大的师资阵容，在香港引起了轰动，除沈志远外，在达德任教的还有邓初民、千家驹、黄药眠、许涤新、翦伯赞、侯外庐、胡绳等专家学者。连港英当局教育部门也不得不承认“该校师资极佳，明显比本港基地教育学院为高。”达德学院公开支持国内的爱国民主运动，先后有二百余名学生投身祖国的解放事业，为此献出生命的有十八人。

1947 年 1 月，中国民主同盟在上海召开了一届二中全会，沈志远出席了这次会议，还担任了宣传组组长，参加了文件的起草工作，在审查一份主张国民党的一党“国大”民盟固然不能参加，将来如果中共召开这样的会，民盟也不能参加的提案时，沈志远与宣传组的成员一致予以否决。

返回香港不久,沈志远便看到国民党《中央日报》公然否定民盟“合法平等地位”的社论。10 月 27 日,国民党政府内政部发言人悍然宣布民盟为“非法团体”。两天后,民盟南方总支发表声明,国民党当局可以封闭我们南京的总部,可是它决不能消灭本盟在海外的广大组织,更不能消灭中国的民主运动。相反地,这种暴力政策只会促进本盟在海外的发展,更加强民主人士的团结。沈志远是南方总支委员,早在当年 3 月,他就在自己主编的《理论与现实》上发表了“迎接历史的大变革”,指出蒋介石下令国统区中共担任谈判联络工作的全体代表和工作人员全部撤退,意味着“国民党政府正式宣布永远关闭和谈之门,正式宣布拆毁政治协商之路,正式宣布内战到底,独裁到底,同时也无疑正式宣布要与一切民主势力为敌了,”“反动集团正以一个疯狂绝望者的姿态,加速地向着自己掘好的坟墓里钻,他们确实已快走到自己历史的和逻辑的终点了。”

民盟总部被迫解散后,沈钧儒、章伯钧、周新民等先后秘密由沪抵港,与原来在港的民盟中央委员沈志远等会合,酝酿恢复民盟总部。自 1947 年 11 月起,沈志远与沈钧儒等在港民盟中央委员多次座谈,一致拒绝国民党政府宣布民盟为非法团体的命令,支持广大盟员强烈要求恢复组织活动的愿望,决定以在港中央(执行)委员会的名义开展组织活动。

1948 年 1 月,具有历史转折意义的民盟一届三中全会在港召开。会议宣布与中共携手合作,为彻底摧毁南京国民党反动政府,建立民主、和平、独立、统一的新中国而奋斗到底。沈志远出席了这次会议,并参与起草了《三中全会紧急声明》、《三中全会政治报告》、《三中全会宣言》等重要文献。

当时，民盟中央宣传委员会主任罗隆基被国民党软禁在上海，沈志远受命于危难之时，出任民盟中央宣传委员会代理主任。在他和黄药眠、陆诒的努力下《光明报》得以复刊。那时他们三人都是达德学院的教授，为照顾他们，学院特意把课程安排在两天之中，每周总有一个晚上同住一间宿舍，他们就利用这个机会商量编辑工作。沈志远逝世二十年后，陆诒曾撰写文章，满怀深情地回忆说："我就是在他的直接领导下参加复刊《光明报》的。当时我们流亡在香港，物质条件很差，政治环境当然也不好，沈志远同志总是利居众后，责在人先，领导我们认真工作，勤奋劳动，完成当时的历史任务，回忆这一段共同奋斗的历史，他对我们的启蒙和帮助，毕生难忘！"

1948年10月30日，中共中央致电香港分局，将经过中共代表与在哈尔滨的民主人士讨论修改后的《关于召开新的政治协商会议诸问题》转发给李济深、何香凝、沈志远等十一人，并由潘汉年、连贯分别征询意见。11月5日，中共香港分局又收到中央来电，责成分局在年底将包括沈志远在内几十位民主人士送到解放区。这份由周恩来起草的电报指示说，已经去了两批人，很可能引起各界注意，这次行动要更加谨慎。中共香港分局经仔细研究，决定把三批民主人士离港时间定在圣诞节后第二天的深夜。于是，沈志远于12月26日，化名沈庆祥，登上了苏联轮船"阿尔丹"号。沈志远安全抵达大连时，时间已是1949年1月，事前，负责接待他们的大连同志已经接到周恩来的指示，要安排最好的旅馆，民主党派领导要住单间，确保安全；要举行欢迎宴会，并具体指定了座位席次；要准备好皮大衣、皮帽、皮靴等御寒物品。沈志远被安排在大连最高级的大和旅馆，受到盛情款待。在东北，他们参观了大连、旅顺、沈阳、哈尔滨等地的工厂、农村、学校、煤矿、电站。

1949 年 1 月，蒋介石已被迫“引退”，李宗仁上台后继续进行“谋和”活动。民主人士纷纷发表声明，要求国民党政府放下武器，迅速无条件投降。2 月 3 日，沈志远与马叙伦、沙千里、王绍鏊、许广平、罗叔章等六名上海人民团体联合会理事联名发表告上海同胞书，希望上海人民团结起来，为全面实现毛主席提出来的八项和平主张而奋斗，勿上南京政府假和平的圈套。

2 月 25 日，沈志远等三十五人，由林伯渠陪同乘“天津解放号”专车由沈阳抵达北平。车站上鼓乐喧天，热浪滚滚。一些曾在重庆、南京、上海工作过的青年人兴奋地将沈钧儒、郭沫若高高抬起。七十五岁的沈钧儒眼中闪着泪花，沈志远的眼睛也湿润了……

在筹备新政协的过程中，沈志远参加了共同纲领的起草工作，是共同纲领起草小组成员。第一届新政协会议召开时，沈志远作为救国会代表，出席了会议，并担任了共同纲领草案整理委员会委员。

新中国成立后，沈志远担任中央人民政府文化教育委员会委员，被聘为中国人民银行顾问。国家出版总署草创时期，沈志远是编译局局长，在他的领导下，编译局制定了全国翻译工作计划，召开了首届全国翻译工作会议，创办了《翻译通报》，出版了解放前《全国翻译图书目录》。对沈志远这一时期的工作，陶大镛回忆说：“他的社会活动虽多，总要尽量挤出时间，替青年翻译工作者逐字逐句地校改译文，白天伏案在办公室，夜间还要带回家里去。我有事去找他，总看到他埋头在那间小小的书斋里，全神贯注地校改这类译文，字斟句酌，非常认真。还经常跟我商讨译文。”

感时思报国　丹心终不改

1951 年初，沈志远被调到上海，他的晚年是在上海度过的。

解放前夕，民盟上海市支部（地下）主任委员彭文应因身份暴露，险遭逮捕，市支部决定由冯亦代代理主任委员的职务。上海解放后，民盟华东区执行部指定闵刚侯担任上海市支部主任委员。次年 1 月，闵去北京，民盟中央指派刘思慕任上海市支部主任委员。考虑到当时上海民盟内部问题颇多，矛盾不少，刘思慕没有到职。在这种情况下，民盟中央决定派中常委沈志远去上海。

沈志远到沪后即参加了上海市第一次盟员大会的筹备工作。他多次与中共上海市委统战部副部长刘人寿同志协商，还亲自做苏延宾、彭文应、孙大雨等人的工作，几经努力，终于使盟员大会顺利举行。在这次大会上，沈志远当选为民盟上海市支部主任委员。

解放初上海民盟成员共三百四十一人，到 1951 年 9 月底四百八十一人，虽有发展，但与形势的需要尚有一定的距离。为推动上海民盟的发展，沈志远以参加座谈、个别谈心、上门走访等方式，吸收了一批文教界有地位有影响的知识分子加入民盟。来沪不久，他出席了有陈望道、周谷城、陈白尘、章靳以、马侣贤、许杰等人参加的座谈。他说："我要重复指出，民盟不是资本主义的政党，代表某些集团的狭隘利益，而是为全体人民的基本利益奋斗的知识分子的政治团体。在座诸位都是在文化教育界、学术界有地位，对民主斗争有历史的先进人士，希望大家都能参加到民主同盟里来共同负责领导，在中共领导下为发展和加强人民民主统一战线的历史任务而奋斗。民盟现在的缺点还很多，组织不够健全，工作不够完善，特别邀请各位先生充实我们的阵容。希望不客气地提出批评指正。”一席话，情真意切，使在座者无不动容。

晚年，徐铸成回忆说：我一向以无党无派为标榜，经他耐心的劝说，才于1951年参加了民盟，他是我的引路人。他当时在知识分子中，威信是很高的。

在沈志远的领导下，上海民盟配合党的中心工作，团结调动广大盟员积极参加社会主义革命和建设，面貌焕然一新，工作大有起色，到1957年底，上海民盟成员达三千三百八十一人。至今许多盟员还在怀念沈志远，怀念在他的领导下，上海民盟朝气蓬勃，盟务工作兴旺发达的那个时期。

1956年中国共产党提出“长期共存、互相监督”的方针，沈志远衷心拥护。同年11月，他在《人民日报》发表的《说“长期共存、互相监督”》中指出，这个方针“是调动各方面力量、充分发挥其积极性和创造性来不断推进社会主义建设的最好办法”。在这篇文章中，沈志远特别强调，“民主党派的同志不能因为强调政治自由和组织独立而把自己的党派设想成为类似资产阶级国家的‘在野党’或‘反对党’，对于共产党来一个‘分庭抗礼’”。

1957年春，他响应中国共产党的号召，帮助共产党整风，在上海民盟全体干部大会上作了为时两小时的动员报告。他说，“我们党外人士，特别是党外的知识分子，在党的号召下要鼓起勇气，为了社会主义，为了党的事业，为了真理我们不必患得患失，我们不必害怕什么，我们要把自己发现的问题，发现的不合理的现象和错误的作风，向党提出来，向党倾诉，知无不言、言无不尽，帮助党进行整风。这就是爱护党的具体表现。不久，一场严重扩大化的反右派斗争波及全国，沈志远被错划为右派。这突如其来的挫折，像晴天霹雳，似六月大雪，让沈志远难以承受。就像一个热爱母亲的儿子，突然被指责为背叛亲娘的逆子，他感情又如何承受得了呢？沈志远告诉一二个知己，当他被迫写交代，当他写到“我沈志远犯了反党反人民的罪行”这几个字的时候，他的手在发抖，笔重千斤，因为他在作违心之言，是自诬，是撒谎，是在坦白他没有做过的事，是在交代他没有想过的念头。

沈志远的遭遇让许多人困惑不解。当时的民盟中央主席沈钧儒就曾对人说：沈志远、柳湜等过去都是老朋友，做过许多工作，为什么现在都变成了“右派”？相信党做事最后总是宽的。1958 年 4 月，沈老来沪参加民盟上海市第四次代表大会，专门约见了沈志远。他诚挚地说：“我最初学马列主义，都是从你的书里学到的，你是我的老师。不要灰心丧志，应该在考验中振作起来，你将来仍然是我的老师。”

在身处逆境的日子里，沈志远得到了党内外不少同志的关心和鼓励。六十年代初，吴玉章就曾写信给沈志远，向他索借《理论与现实》，官乡也曾复信给沈志远，支持他研究国家垄断资本主义；史良、胡愈之都曾对沈志远表示鼓励。沈志远的日记中还记录道，1961 年 1 月 19 日一次会议的午饭后，中共上海市委统战部部长刘述周和他坐在一起，“态度非常自然地谈起了在苏联时斯大林领导的反托洛斯基和布哈林的斗争情况，完全没有一点奚落敷衍的态度，而是作为一个熟识的同志同我闲谈问题”。这一切，对沈志远来说是一种莫大的安慰。

1962 年 4 月，沈志远去北京参加了全国政协，亲耳聆听了周恩来同志代表中央检讨过去工作中的缺点错误，肯定民主党派是为社会主义服务的政党的发言，深受鼓舞。他与千家驹、陈翰生、彭迪先、关梦温、吴半农联合发言，主张开放农村集市贸易，活跃市场。当年7月，在上海市政协会议上，他又直言不讳："我们往往强调了不断革命论，却忽略了它的相对稳定性；强调了主观能动性的作用，却忽略了客观可能性和尊重客观规律的必要性；强调了政治思想教育，却不大重视物质利益原则；我们非历史主义地夸大了按劳分配中的资产阶级法权，是作为'按资分配'、'不劳而获'资产阶级法权的对立物而存在的道理；我们谈生产关系的改革比较多，而谈生产力的决定作用则比较少；强调上层建筑比较多，注意经济基础的决定意义则比较少……"同年8日，沈志远在上海《文汇报》发表了《关于按劳分配的几个问题》，旗帜鲜明地指出："按劳分配是谁也无法躲避、改变或违抗的社会主义客观经济规律"。他打算发表10篇文章，就主观意志与客观规律、政治思想与物质利益等问题发表意见。朋友们为他担忧，他却笑着说："我是学习政治经济学的，有意见就应该贡献出来"。

沈志远参加政治活动多年，却始终保持书生本色，不趋时，不媚世；不见风使舵，不巧于逢迎。他万万没有想到，《关于按劳分配的几个问题》发表不久，党的八届十中全会接受了毛泽东提出的以阶级斗争为纲的方针。从1962年9月起，沈志远遭到了无情的批判。1964年9月至12月，批判达到了高峰，每个星期他要被批判两个下午，血压200/120，脚已无法站稳。当他抑制不住，满腔悲愤，流下眼泪时，那些批判他的人竟然责骂他企图用眼泪来欺骗党，欺骗人民。

没完没了的批判，无休止的检讨，使沈志远的身体每况愈下，但他没有停下手中的笔，只要一息尚存，他是绝不会推卸自己对党对人民的责任的。在日记中，记录了他对夫人崔平说过的一句话：

“我明知我写的文章是不会再发表了，不让我写作，就像不让演员演戏一样感到难受，但我还是要写……”他制定了一个个人研究工作十年规划草纲；他相信总有一天，他的文章著作会被发表，他的肺腑之言会被采纳。

在最后的日子里，沈志远用汗水和心血写成他一生中最后的一部著作——《国家垄断资本主义实质概论》。

持续血压偏高，已使他的手颤抖得再也握不住笔，再也写不出像样的字迹了。

1965 年 1 月，沈志远在午睡时突发心肌梗塞，他走了，走得那么突然……

二十年后，民盟中央和社会科学院为沈志远举行了纪念座谈会，胡绳参加了这次会议，他在发言中说：“沈志远同志是一个为传播马克思主义作过许多贡献的经济学家。在三十年代中国革命的重要转折关头，他积极从事马克思主义政治经济学、哲学的著述和翻译，阐述马克思主义的基本理论，帮助很多人掌握马克思主义基本原则和基本方法。无论在什么环境中，他对马克思主义的信念都是坚定不移的，坚信马克思主义是科学的真理，并以传播这个真理为己任。回顾马克思主义在中国发展的历史，我们忘不了包括沈志远在内的为传播马克思主义而竭尽心力的许多革命知识分子。”

金日成的老师和民盟的渊源

2月3日,我在《文汇读书报》上看到了题为“金日成:我的老师尚钺先生”。

尚钺这个名字,我挺熟,不是因为他是金日成的老师,而是他和民盟的渊源。

尚钺1927年9月加入中共。1929年经组织安排在吉林省毓文中学教语文,学生中有个圆脸大眼的朝鲜青年,名字叫金成柱,就是日后成为朝鲜人民伟大领袖的金日成。抗日战争爆发后,尚钺曾任政治部三厅中校科长。皖南事变后到昆明云瑞中学教书。尚钺到云南大学教书是在1942年,介绍人是楚图南。1943年秋,尚钺收到了华岗的来信,请他在云南大学找一份工作。尚钺找楚图南商量:把我教的历史文献课让给华岗吧。华岗任教云大时,用的“林石父”这个化名,也是尚钺取的。

有趣的是,我在费孝通先生上个世纪九十年代写的“政治上的启蒙”一文中读到了这样一段文字:“吴晗同志有一次很郑重地把一个名字交给我,要我把他安置在云大社会学系。我明白这位先生一定有来路,但我问也不问,就照办了。这位先生就是华岗同志。党中央派他来西南指导工作的。”据冯素陶回忆，华岗离开昆明后，华在云大社会学系教的这门课由他接替。

按如今的说法，尚钺是1944年秋加入民盟，那么他是如何和民盟发生关系的呢？话要从1943年成立的“西南文化研究会”说起。华岗到昆明后就和周新民商议组织了“西南文化研究会”，邀集罗隆基、潘光旦、吴晗、闻一多、楚图南、费孝通、曾晗抡、李文宜、闻家驷、尚钺等参加。看了这样一个名单，你就会明白，这个“西南文化研究会”几乎就是民盟的组织。尚钺和闻一多关系密切，在昆明的各种集会上，常常看见他俩的身影。1944年11月，民盟西南省支部决定建立青年组织，适逢中共云南省委亦有筹建青年组织的打算，两者一拍即合。很快，昆明便有了一个叫做“中国民主青年同盟”的组织。这个组织就是1949年作为14个党派参加新政协的新民主主义青年团的前身。当年尚钺不仅和周新民一起为民青修改章程，而且还和闻一多一起指导民青编印《民主通讯》。国民党当局在昆明制造震惊中外的“一二·一”惨案之后，1946年3月17日昆明各界三万余人举行“一二·一”四烈士出殡大游行，尚钺和闻一多一起走在游行队伍的前列。此时，西南联大即将复员北平，尚钺拿出一块鸡血石，请闻先生刻字留念。就在尚钺拿到这枚印章不久，昆明街头响起了罪恶的枪声……。当天傍晚尚钺匆匆赶往云大医院时，闻一多的遗体还停放在院子里，没人出面办理手续，尚钺说“我负完全责任”。离开医院时，有个特务问：“你姓什么？”在学生们的保护下，尚钺方才脱身。此时的昆明，笼罩在白色恐怖之中。尚钺和好友楚图南以及潘光旦、费孝通等被送进了美国领事馆保护起来。直到卢汉当面保证他的人身安全以后，才离开昆明经上海前往解放区。从此，尚绒和民盟没有了联系。他的这个经历，在盟内还有一些。比如著名历史学家唐振常先生，四十年代在重庆参加民盟。抗战胜利后回上海，和民盟没有了关系。

尚钺先生是1902年出生的，今年是他诞辰110周年。不久前，我们为沈志远先生搞过一个纪念活动。尚钺和沈先生同岁，都是1902年出生的。沈先生是著名的马克思主义哲学、经济学家，尚钺是用马克思主义研究历史的著名学者。新中国成立后，他俩都有过一段舒心的日子。但好景不长。1957年以后，沈志远被错划为右派分子，尚钺则因独特的史学观遭到无情的批评。比沈先生幸运，尚钺活过了“文革”，是在中国人民大学历史系主任的位置上逝世的。今天，我们纪念尚钺、沈志远这些前辈，其意义不仅仅是缅怀他们为国家、人民作过贡献，更重要的是传承他们的精神。这种精神，在我看来，主要是怎么做人，以尚钺和沈志远两位先生的才华，追求荣华富贵不是什么难事，可他俩偏偏选择了另一种生活。特别是在建国后的风浪中，他们选择了对真理的忠贞和对真话的坚持。这种精神，在今天尤其可贵。

为中国戏剧事业奋斗终生的熊佛西

1965 年 10 月 26 日 14 时 40 分，熊佛西的心脏停止了跳动。从此，人们再也看不见他那中等个头、略嫌肥胖的身影，再也听不到他那特有的爽朗的哈哈大笑，再也欣赏不到他精心编导的戏剧。

1983 年 12 月，周扬在纪念田汉诞辰 86 周年的文章中写道："现在话剧在祖国大地上已经开花结果，形成了一支联系千万人民的艺术大军，在这个时候，我们怎么能忘记田汉和其他一些为中国话剧开拓道路的前辈们的巨大功绩呢？我们怎么能忘记欧阳予倩、洪深、熊佛西、丁西林等这样一些同志呢？"

献身戏剧教育事业

熊佛西，1900 年 12 月，出生于江西丰城一个农民家庭。1914 年 9 月，随父到汉口，进教会办的圣保罗中学（实为小学）读书，一年后转入辅德中学。在此期间，他初步接触了我国早期话剧，对戏剧产生了浓厚的兴趣。

1919 年 5 月，五四运动爆发。熊佛西作为学生会的代表，参加了这场运动,因工作关系结识了武昌中华大学代表恽代英。恽代英的才华、勇敢和毅力,给他留下深刻的印象。第二年夏天,他来到了向往已久的五四运动发源地北京,考入燕京大学。有人说燕大的校园是一首诗,可熊先生当年读书时却不是这样。1947 年他在一篇文章中回忆说:"燕大,那时还坐落在北平东城根的盔甲厂,校舍异常简陋,与现在西郊堂皇富丽的校舍比起来,实有竹篱茅舍之感。"在燕京的三年中,他阅读了莎士比亚等戏剧大师的杰作,组织"民众戏剧社",出版了他的第一个戏剧集《青春的悲哀》。1923 年 7 月,他学满学校规定的学分,提前一年毕业,第二年秋天留学美国,进哥伦比亚大学研究院深造。哥伦比亚大学"那满藏着百万专门书籍的图书馆",给熊佛西留下了深刻的印象,他说:"我真正开始读书,还是在哥伦比亚大学"。

1926 年 9 月,熊佛西从美国哥伦比亚大学毕业,获硕士学位。同年 10 月,回到朝思暮想的祖国。他在各地的朋友得知这一消息后,纷纷来电邀请他去工作,在港经商的父亲也要他去香港。他经过认真思索,决定恪守自己立下的将自己毕生精力献给祖国戏剧事业的誓言,接受了国立北平艺术专门学校的聘请,担任该校戏剧系主任兼教授,开始了他终身从事的戏剧教育事业。

当时的北平,充满了腥风血雨,军阀的铁蹄践踏着学校,摧残着学生。面对严酷的现实,熊佛西大声疾呼:"全国伟大的诗人与艺术家啊,你们这会儿躲在哪里?你们生活在今日的中国里不觉得冷么?不觉得黑暗吗?果尔,你们为什么不起来点燃火焰?"

这一时期,我国主要的戏剧教育单位除北平艺专戏剧系外,还有上海的南国艺术学院、广州的广东戏剧研究所附属戏剧学校。南国艺术学校在田汉的主持下,开办了半年时间,在普及话剧艺术、培养话剧人才方面，有很大的成绩。由欧阳予倩主办的广东戏剧研究所附属戏剧学校，创办了两年，对推动广东的话剧运动，培养华南戏剧人才，起了有力的促进作用。但比较起来，熊佛西担任主任的北平艺专戏剧系时间最长，课程设置最正规，教学经验最丰富，在前后六年的时间里，培养出章泯、张寒晖、贺孟斧、张季纯、杨村彬等一批戏剧专门人才，为推动中国戏剧运动的发展，作出了重要贡献。

投身抗日救亡运动

九·一八事变后，日本帝国主义强占我国领土，残杀我国同胞，激起了熊佛西的民族义愤，他奋笔疾书，很快写出独幕剧《无名小卒》，不久又创作了历史剧《卧薪尝胆》，呼吁“国耻不可不雪”。

1936 年 11 月，日军在北平城郊举行军事大演习，演习结束后列队入城，整个北平沉浸在悲愤之中。此景此情，激起了熊佛西的一腔热血。在寒冷的冬夜，他奋然命笔，创作了四幕话剧《赛金花》，企图“以一女性身世之盛衰为经，民族近世之忧为纬，意在讽刺社会，作爱国情感之启发。”1937 年 3 月 21 日，即《赛金花》上演前两天，国民党当局发布训令，因“德大使业已向外交部抗议”，禁演一切《赛金花》剧本。3 月 23 日，熊佛西满怀悲愤之情，在北平新新戏院向数千观众宣布《赛金花》停演，话音未落，泪如泉涌。5 月，熊佛西去南京出席电影教育协会举行的第六届年会，在南京中央饭店的一个宴会上，与陈立夫等人就禁演《赛金花》一事展开了激烈的辩论。他激愤地说：“我是一个戏剧的学习者，自己承认学识不够，世故不熟。然而我是一个中国人，是一个爱国家爱民族的中国人,我有血有肉,有人格,有灵魂,我不能承认我笔下会'有辱国体'。说我写的剧本不够成熟我是坦白承认的,说我'有辱国体',那即是把我的头砍下来摆在这台子上我也不能承认!"

1938年1月,熊佛西率领抗战剧团到达成都,先后演出了《后防》、《吴越春秋》、《中华民族的子孙》等剧,观众中爆发出的救亡激情,使他深受感动。他谢绝了国民党四川省主席让他做官的请求,出任新成立的四川省立戏剧教育实验学校校长,亲自制定了校训,撰写了校歌,和学生一样,穿着灰布制服,打着裹腿,穿上草鞋,背起长枪,每天和学生一起跑步、卧倒……他认为战时的戏剧应成为"宣传抗日,动员民众最有力的武器",决心把自己的学生培养成服务于抗战的艺术铁军。

就在这时,熊佛西先后在上海《大美晚报》、《华美晨报》上看到了介绍中国共产党和八路军真实情况的报道和毛泽东的《论持久战》、《在中共扩大的六中全会上的报告》及全会的决议,敬仰之情油然而生。他把这些报纸剪贴在一本英文杂志上,珍藏了几十年。

在沉默中爆发

抗战胜利的喜讯使熊佛西沉浸在欢乐之中,他天真地以为"天下从此太平"了。但国民党当局很快撕毁了政协决议,发动了全面内战,这使熊佛西对国民党当局的最后一点幻想也破灭了。

1946年7月11日,李公朴在昆明遇难。第二天,有几位朋友来访熊佛西,谈及昆明民主斗士的安全,特别惦记着闻一多先生。有人提议打电报要闻一多暂时躲一下。熊佛西说:"躲避?一多决不肯的,我深知他的脾气,为了真理与正义,他是一条不怕死的硬汉!”当闻一多被害的噩耗传来,熊佛西先像麻木得失去了知觉一样,继而大声喊道:“有这种事?”在座的朋友问怎么回事,他悲愤地大叫道:“一多被人暗杀了呀,一多被人暗杀了呀!”他再也无法抑制自己的感情,痛哭了整整一天。

早在赴美留学时,熊佛西便与闻一多结下了深厚友谊,他们合作写过一个独幕剧,并与其他留学生一起,把我国古典戏剧作品《琵琶记》搬上了舞台。他俩经常谈论国事,痛恨军阀的专横,同情人民的疾苦。他经常是闻一多创作的爱国诗篇的第一个读者,闻一多炽热的爱国激情深深地感染了熊佛西。回国后,他俩曾来往多次。当得知闻一多加入民盟时,熊佛西坚信,闻一多此举“唯一的目的就是促成中国民主政治的实现。”他说:“我虽没有加入民盟,但你(指闻一多)的态度我全部同意,因为问政是今日的每个中国人民应有的义务。”

1946年7月21日,在中华文艺协会总会为李、闻两位烈士举行的追悼会上,熊佛西慷慨陈词:“一多是我的老朋友,他一向不过问政治,可是今天他被逼得不能不站出来说话了,他没有任何背景,完全是出于正义感。可是动手动到他身上,实在是无耻到了极点!闻先生最喜欢田间,说他是鼓手,我要说闻先生才是一位中国的鼓手!”

7月24日,熊佛西在《文艺复兴》上发表《悼闻一多先生——诗人、学者、民主的鼓手》,向烈士的英灵宣誓:“我们一定要为你报仇,为我们大家雪耻!继续你们的遗志而奋斗,我们决不屈膝!即使原子弹投在我们的头上,我们也决不屈膝!”

8月,他出席中国工人周刊社为中国劳协重庆工人福利社负责人周颖等二十二人被捕一事举行的招待会,发表讲话,并与郭沫若等联名致函慰问被捕者。

1947年1月,他在《文汇报》上发表讲话,支持学生抗议驻华美军暴行的正义斗争。

同年12月,上海剧专学生赴同济大学上演讽刺蒋介石的活报剧《天下为此公》,国民党当局要校方交出扮演蒋介石的学生,熊佛西断然拒绝。

1948年12月,熊佛西参加了党领导的戏剧电影工作者协会,成为协会核心小组成员,他的家也成了协会活动的场所。上海解放前夕,他受地下党委托,分别找梅兰芳和周信芳推心置腹地深谈,梅、周两位诚恳地表示,请党放心,决不在反动分子的胁迫下离开大陆。

熊佛西,这位曾被人称为"改良主义者"、"资产阶级戏剧家"的老知识分子,经过苦闷和失望,终于觉醒了。

为新中国鞠躬尽瘁

1949年5月27日,上海解放了,满怀喜悦之情的熊佛西带着市立剧专全体师生,高举红旗,燃放鞭炮,迎接人民解放军。6月5日,在八仙桥基督教青年会9楼,新上海文化界举行第一次盛会。会上,陈毅市长那轻松诙谐、妙趣横生的讲演,深深地感染了熊佛西。他激动地说:"听了陈市长的讲话,看到梅兰芳先生刚好也在坐,使我想起了一件事。国民党逃走前,曾屡次威胁梅先生,要他跟着走。地下党得知梅先生正在踌躇苦闷之中,便托我转送一封信给他,劝他不要走,并说如果你实在为难,可以去找宋庆龄先生帮助。梅先生看了信,便下决心不走了,从这件事可以看见共产党的伟大!”6月6日,上海市人民政府以文教第一号命令接管了上海市立剧专。在接管大会上,军代表黄源庄严宣布:“反动派不要你们的学校,我们共产党和人民政府要你们的学校,而且要发展它!”熊佛西流下了激动的泪水。从此,他以满腔热情参加各项政治活动,并把自己的全部心血投入戏剧教育事业,为新中国的戏剧事业的繁荣作出了不可磨灭的贡献。

1949年7月,他出席了中国文学艺术工作者第一次代表大会,见到了毛泽东、周恩来、刘少奇等中央领导同志。周恩来亲切地接见了他,并同他共进晚餐,使他深受感动。在这次文代会上,他被选为全国文联委员、全国戏剧工作者协会常委。以后又当选为全国第二、第三届人大代表,全国政协委员。他还担任过上海市人民委员会委员、华东军政委员会委员、上海戏剧家协会主席、副主席等职。

1953年初,熊佛西参加了中国民主同盟。同年4月,在民盟上海市支部(后改称为市委会)举行新盟员宣誓仪式上,他谈了三点感想:“1.我过去从未参加过任何党派,希望盟和同志们帮助我。2.以批评和自我批评的严肃态度,就我所见的和所想到的提出建议,来贡献给盟和同志,使同志间的关系能有血有肉,在相互提高的基础上改造自己,争取做一个共产党员。3.保证把自己的业务搞好。”两年后,在一次报告会上,当他听完陈毅同志的讲话,当场发言,提出加入中国共产党的请求。第二天,他便郑重地向党组织递交了入党申请书。

1956年2月,正在北京参加全国政协的熊佛西,在一次宴会上见到了毛泽东主席。毛泽东与他亲切握手,对他说:“熊先生,你过去写的剧本我都看过了,很好!今后希望你多写些剧本。”熊佛西深受鼓舞。不久他就创作了第一部反映我国私营工商业者接受社会主义改造的四幕话剧《上海滩的春天》。

在参加各项政治活动的同时，熊佛西还十分关心上海戏剧学院的教学工作。他认为，戏剧是大众化的艺术，离开了社会就会枯萎，所以他主张让学生广泛参加社会活动。1950 年，学校建立了毕业生到工农兵中去锻炼的“见习制度”。同年他 12 月，为配合抗美援朝，在上海戏剧界首先编演《美军暴行图》。1951 年冬，他带领师生赴安徽蒙城参加土改，使上海戏剧学院成为整个社会结构的有机组成部分。

熊佛西还主张，戏剧教育要兼收并蓄，取百家之长。1953 年至 1957 年，上海戏剧学院全面系统地学习苏联戏剧教育经验，他认为斯坦尼拉夫斯基表演体系是优秀的现实主义表演体系，勉励学生好好地学习，但反对照搬照抄，曾直率而又尖锐地批评主张照搬照抄的人是“教条主义的典型”。与此同时，他十分强调学习优秀的民族遗产，认为中国的戏剧艺术是世界文化中的宝藏，教育学生必须虚心向前辈戏曲艺人学习。他先后邀请周信芳、盖叫天、俞振飞等艺术大师来校结合示范表演传授艺术经验，对促进学生学习优秀的戏曲遗产起了有力的推动作用。他不光在课堂上传授知识，还在学院里建立了实验剧团，让学生通过正式演出，获得艺术实践的经验。

1962 年 12 月 1 日，是上海戏剧学院成立十周年的纪念日。这一天，学院大礼堂内挤满了来自全国各地的校友，他们中有编剧、导演和演员，有舞台美术工作者和戏剧理论工作者，当老院长熊佛西出现在主席台上时，全场欢呼雷动，掌声如潮。眼含热泪的熊佛西难抑内心的激情，多少年来他为之奋斗的理想终于实现了。在他的学院里，有了表演、导演、戏剧文学、舞台美术四个系，有了图书馆、实验剧团，还拥有五百多名学生和一百多位教师，并为全国输送了一千多名毕业生。抚今追昔，他再也无法抑止自己的感情，振臂高呼："中国共产党万岁！"

三年后，在叶落归根的季节里，这位病魔缠身的艺术家与世长辞。二十余年后，在上海，在成都，人们分别为这位中国话剧的拓荒者和奠基人树立了铜像和纪念碑。熊佛西这个名字，深深地铭刻在每一个热爱戏剧的中国人的心中。

张东荪:一个不忘朝事的哲学家

1973年6月5日,周恩来在陪同毛泽东会见黎笋、范文同后,回到中南海西花厅。他走进办公室,在那张宽大的办公桌前坐下,打开台灯,埋头批阅起文件、简报。突然,他的目光停滞了,沉思片刻,提笔写道:“应尽力抢救。”

这是一份反映病情的简报,病人的名字叫张东荪。

一　宣传社会主义　挑起思想论战

张东荪生于1887年,他的出生地一说是浙江杭县(今属余杭),一说是江苏吴县。据他的孙子说,应是江苏吴县。童年,张东荪在他那位晚清以文史著称于时的兄长张尔田的指导下,接受过传统教育。晚年,张东荪曾回忆说:“我是旧社会中长大的”,“我从小即读中国旧书。孔孟之道、中庸主义在我身上有深厚的根基,养成一种气质,总以为清高最好。自命不凡,爱好名誉,有时自以为倔强就是气节”。

1905年,他东渡日本,毕业于东京帝国大学。在日本,他结识了梁启超、张君劢。辛亥革命爆发后，张东荪返回祖国，曾任南京临时政府大总统秘书。1912 年至 1915 年，张东荪先后担任《大共和日报》、《庸言》、《中华杂志》编辑。1917 年，他接替张君劢，主编《时事新报》。

五四运动爆发后，张东荪发表文章，宣传社会主义，与陈独秀常有往来。1920 年 4 月，第三国际代表维金斯基来沪活动，常与陈独秀、戴季陶、沈玄庐、李汉俊、张东荪等聚会。他曾设想，将《新青年》、《星期评论》、《时事新报》结合在一起，并由这几刊物的主持人联合发起成立中国共产党。当他提出这一设想时，张东荪拒绝了。他说原以为这是个学术研究团体，现在说要组织共产党，那他就不能参加了。

张东荪的退出，引起了陈独秀、李维汉等人的不满。

5 月 16 日，李维汉在《星期评论》上发表文章，斥责张东荪是"走头(投)无路的社会主义者"。9 月 1 日，陈独秀在《新青年》撰文说："我们中国不谈政治的人很多，主张不谈政治的有三派人：一是学界，张东荪先生和胡适先生可算是代表……"

1 月 5 日，张东荪在《时事新报》上发表题为《由内地旅行而得之又一教训》的文章，宣称："我也可以说有一个主义，就是中国人从来未过过人的生活的，都得过人的生活。而不是欧美现行什么社会主义、甚至国家社会主义、甚至无政府主义、甚至多数派主义等。""救中国只有一条路，一言以蔽之，就是增加富力，而增加富力就是开发实业"。

张东荪的文章当即遭到了陈望道、李达的批驳。陈望道尖锐地说："你以为'救国只有一条路'，难道你居然认定'资本主义'作唯一的路吗？"李达的笔锋更犀利，标题即为《张东荪现原形》。

12月1日出版的《新青年》，几乎成为张东荪的专集，有张东荪本人的文章和批判他的文章，以及他和陈独秀来往信件十三篇。陈独秀给这组文章加了个标题——《关于社会主义的讨论》。

在当时的哲学界、思想界、政界、张东荪是一位十分活跃的人物。1923年，他参加了科学与玄学的论战。1927年，他与瞿菊农、黄子通一起创办了中国第一个哲学专刊《哲学评论》。三十年代初，他相继发表《我亦谈谈辩证法的唯物论》、《动的逻辑是可能的吗?》等文章，挑起了唯物辩证法论战。1931年10月，他与张君劢联络罗隆基、梁秋水等成立再生社。1934年10月，再生社召开全国代表大会，宣布成立国家社会党（简称国社党），张东荪当选中央常委。

1925年起，张东荪先后任教于政治大学、光华大学和燕京大学。任光华大学文学院长时，一次开校务会议，主持人按照当时的惯例，宣读孙中山遗嘱，张东荪听后即说："下次再读我就不来了。"遂夺门而去。

三十年代是张东荪哲学思想的成型期。这一时期，他出版过不少哲学著作，以《道德哲学》和《认识论》为代表。他是近代中国第一个试图建立自己的哲学体系并建立自己的哲学体系的人。在介绍西方哲学方面，张东荪著述甚多，功不可没。郭湛波在《近五十年中国思想史》一书评价说："输入西洋哲学，方面最广，影响最大，那就算是张东荪先生了。"

二 参加救亡运动 签订抗日协议

三十年代，随着日本侵华步骤的加快，张东荪坚决主张积极抗日，对国民党当局“攘外必先安内”的政策十分不满，对中共“反蒋抗日”的政策也不赞同。

1935年7月，共产国际在莫斯科召开“七大”，制定了建立世界反法西斯统一战线的策略方针。王明根据这个精神，起草了《为抗日救国告全体同胞书》，于1935年8月1日在巴黎的《救国时报》上发表，因此这个宣言也称《八一宣言》，它改变了“左”倾关门主义，提出了建立抗日民主统一战线的方针。这个宣言很快传到国内。中共政策的转变，使当时极力主张抗日和民主的张东荪在思想上产生了共鸣，对中共也有了新认识。他率先发表了一篇题为《评共产党宣言并论全国大合作》的文章，明确表示：“一个向来主张除私产的党现在居然说保护财产和营业的自由了。以一个向来主张无产阶级专政的党现在居然说实行民主自由了。以一个主张完全世界革命的党现在居然说为国家独立与祖国生命而战了。一个向来受命于第三国际的党现在居然说中国人的事应由中国人自己解决了。以一个向来主张用阶级斗争为推动力对于一切不妥协的党现在居然说愿意与各党派不问已往仇怨都合作起来，这是何等转向，这个转向是何等的光明！我们对这样勇敢的转向又应得何等佩服！”

张东荪的文章发表在《自由评论》上。《自由评论》是张东荪、罗隆基等人在北平创办的。张东荪的文章发表后，立即在社会上产生较大的反响，也引起中共北方局的重视。此时，刚从陕北到天津担任北方局书记的刘少奇，认真阅读张东荪的文章。他一方面对张东荪同情和赞同中共主张的态度表示欢迎，另一方面又感到张东荪所提出的问题和意见，“不只是代表先生和贵刊；而是中国许多人和朝野各党派在实行全国大合作以救民族危亡的运动中所共同感觉到的问题，所以我们必须明白公开的答复先生；并要求先生作进一步的研讨”。4月13日，刘少奇化名“陶尚行”给张东荪写了一封长信。张东荪敏锐地感觉到，“陶尚行”决不仅仅是一般的共产党的同情者，而是一位中共北方地下党的负责人。刘少奇在信末对张东荪说：“望先生将这封信在贵刊上发表，并在贵刊上答复我。在张东荪的推荐下，刘少奇的信被很快冠以《关于共产党的一封信》的题目，略作删节，发表在《自由评论》第22期上。

刘少奇的信发表后，张东荪发表了两篇文章，欢迎并赞同中共提出的建立抗日民族统一战线的方针，同时对中共也有批评。他后来在检讨这一时期的思想时说：“九·一八起，有好几个朋友，例如蓝公武，告诉我，共产党也主张民主，北伐以后，压迫我的不是共产党，只是国民党，由此，我对于共产党的看法才有了一些改变，可是，我不了解共产党，我还是希望共产党吸收一些旧民主，所以，我在《自由评论》上发表了一篇文章，建议联合抗战。”

通过对中共《八一宣言》的评论和与“陶尚行”的信函往来，刘少奇对张东荪有了进一步的了解。1936年底，刘少奇在中共中央的报告中说：张东荪的抗日态度逐步明显，是中共团结和联合的对象。此后，张东荪曾通过彭泽湘与共产党联系。彭到延安并带回了毛泽东给张东荪的亲笔回信。不久，北平地下党派王定南负责与张东荪秘密联系。张东荪后来回忆说：“抗战前夕，日本人的侵略一天天猖狂。我和张申府、许德珩一些人组织了一个救国座谈会。我当时写了一篇文章主张联共抗日，过了几天有一个署名陶尚行的给我一封信，非常赞同我的看法，这位陶君我一直不知道是谁，直到解入放后有次和刘少奇先生谈起，他说就是他。这是我与中共关系的开始。那时我们的确希望能与中共取得联系，于是我们救国座谈会派了一位叫彭泽湘的去延安。他回来时给我带来一封毛主席的亲笔信。”

1938年4月，国民党政府设立了国民参政会，张东荪任参政员。同年7月，张东荪出席在汉口举行的国民参政会第一届第一次会议。与他同住一处的国民党成员刘石荪鼓动他建议国民党与日本媾和，说：现在能和下来，总比打不下去的时候再和好得多。在同周恩来见面后，张东荪对叶笃义表示，刘石荪的建议是错误的，并说返回北平后，他将与中共继续合作。

回北平途中，张东荪与国社党要员诸青来邂逅相遇。诸是来汉口参加国民参政会的，当得知参政员的名单中没有他的时，竟破口大骂。1940年3月，诸青来公然投敌，在汪伪政府中出任交通部长，张东荪立即在报刊上刊登广告：“北方股东一致同意与诸青来脱离关系。”

1938年12月，张君劢发表《致毛泽东先生一封公开信》，向中共提出：一、“以八路军之训练任命与指挥，全托之蒋先生手中”；二、“以打破割据相号召，更望取消特区”；三、“将马克思主义暂搁一边”，唯“信奉三民主义”。张东荪看到此公开信后，曾让人转告张君劢：不要过分批评共产党，不能倒向国民党怀抱。许宝揆先生回忆说：“据我所知，东荪先生是靠拢共产党最早的一个人。抗战时期，有一年我去重庆见张君劢，东荪先生要我给张君劢说，不要向国民党靠拢，不要向国民党一边倒，要走中间路线。”

太平洋战争爆发后，日军进占燕京大学，张东荪被捕入狱，先被关在日本宪兵队，不久被押到设在沙滩旧北京大学红楼的日本宪兵总队，与赵紫宸一起被关在16号牢房。对于当时的情景，张东荪后来回忆说：“到了第二天，我又被传到审讯室。他（本日宪兵安达弘）首先问我：你讲一讲和陈独秀组织共产党的情形。……我不禁愕然。我遂反问：何以知道我组织共产党？他乃拿一个日文的杂志给我看。那个杂志上有一篇文章关于中国共产党的起源，幸而我看见其中所列的姓名尚有周佛海。我笑向他说：我和陈独秀确是朋友。在五四以后，在上海渔阳里确是常见面。但他后来发起共产党未邀我参加。"此后，张东荪又被审讯过两次，"一次是希望我答应与汪政府合作。我便以狡猾的态度对付之。我说：我一向是国民党的反对者。汪精卫是国民党，决不能与之合作。他亦知我的意思，便说道：我知道你还是承认蒋介石的。第二次确更为奇怪。是要求我可在拘留中的中国共产党党员加以劝诱，使其感化，可以招供。……我遂回答：共产党不是捉、打、杀所能捕灭的。你们日本军何必来管中国的事，因为中国共产党是中国政治上的一个问题。他听了似还相信，即此作罢。"

在狱中，具有强烈民族意识并抱定"士可杀不可辱"信念的张东荪，曾自杀四次未遂，并与日本看守厮打，洪煨莲在《六君子歌》中称赞他说："张公谩骂如狂癫，溷厕败帚执为鞭，佩剑虎贲孰敢前。"赵紫宸也作诗《虞美人，咏张东荪》曰："论情之子真堪爱，谈笑风流在，只愁孤坐不愁关。拦住白衣胡乱诌温寒。隔墙听去浑如乐，赞美黄金粟，孰知常抱杞人忧，正似乌云重叠满天浮。"贺麟在《当代中国哲学》一书亦评价说："抗战以后，他留在北平燕京大学教书，曾受过敌人的引诱与苦刑，而不变其节操，接受伪职。在这里我谨代表哲学界向他致敬意。"

出狱后，为保持与中共地下党的联系，张东荪派叶笃义前往抗日根据地，在山西八路军总部，叶笃义受到彭德怀副总司令和滕代远参谋长的热情接待，叶笃义代表张东荪与彭德怀签订了书面协议，协议的内容有三条：

1. 在抗日战争中，十八集团军方面努力攻击日军；

2. 张东荪方面努力做好瓦解伪军、伪地方组织的工作；

3. 抗战胜利后，双方真诚合作争取和平民主建国。

因为协议签订日期为7月7日，所以这份协议定名为“七七抗日协定”。为使协议能安全带回北平，滕代远还手把手教叶笃义写在极薄的蜡纸上，再用一层白蜡纸包好卷入牙膏尾部。

这一时期，张东荪的接触是多方面的，除与中共方面的联系外，和国民党地下人员也常有来往，同时为便于工作，还与汉奸王克敏等交往。

1943年秋，张东荪在北平一家澡堂内与一位即将返回重庆的国民党地下人员见面，那人问他有什么建议，张说：“现在大势已定，日寇必败，蒋主席是中国历史上最伟大的领袖，应当准备正式晋位总统。”事后他对叶笃义说：“对这种人有什么真话，随便拣好听的应付应付罢了。”

三 参加民主同盟 参加政协会议

在诸如《民国人物大辞典》、《中国民主党派辞典》等一些辞典中，均将张东荪参加民盟的时间误写为抗日战争胜利以后。其实，张东荪参加民盟是在1944年。这年之初，叶笃义受张东荪之托前往重庆，临别前他嘱咐叶笃义，到重庆后去找张君劢，请他介绍他俩参加民盟，并请叶将一本有他亲笔签名的书稿转赠周恩来、张闻天。

民盟1941年3月成立于重庆，国社党领导人张君劢是发起人之一。但直到1943年6月，张东荪对这个新成立的政党还是一无所知。1943年7月，张云川由重庆来到北平，通过燕京大学原校长吴雷川找到了张东荪，他将民盟成立宣言及政纲等文件交给张，并请他加入民盟。

叶笃义到达重庆后，很快找到张君劢，表示张东荪和他愿意参加民盟，张君劢非常高兴。当叶笃义说起张东荪与中共的关系时，张君劢频频点头，说："很好，很好，我在重庆与中共的关系也不错。美国人对蒋介石很不满意，将来要成立联合政府。"

1944年9月，民盟在重庆召开全国代表会议，张东荪当选中央常委。是年11月叶笃义返回北平，与张东荪等人着手筹建华北民盟组织。当时，华北地区还处在日寇的严密控制之下，民盟的活动难以开展。抗日战争胜利后，民盟才得以发展，一直与张东荪联系的中共地下党员殷之钺经张东荪介绍也加入了民盟。

张东荪没有参加1945年10月召开的民盟第一次全国代表大会，据叶笃义回忆，他是听到政协会议即将召开的消息后才动身去重庆的。当时左舜生辞去了民盟秘书长，不少人认为这个位子非张东荪莫属，但他一再推脱，最后在梁漱溟先生的劝说下，才同意暂任一个时期。所以，旧政协会议期间，民盟的秘书长是张东荪。

1946年1月，张东荪作为民盟代表，出席了在重庆举行的旧政协会议，非常有趣的是，与军事毫无瓜葛的张东荪，竟被分在了军事组。

1月14日，张东荪在会上发言，主张国民党政府应首先实行蒋介石在政协会议开幕式上宣布的四项诺言中的第一项"人民自由"。他说："我请政府在本会所宣布的四项，最好在改组政府问题讨论之先来做，做了就有助于改组政府的讨论，请政府在这交换议程的四五天会议之后，或者本星期六，向大会来一具体报告，报告哪些违反人民自由的法令已修改或废止了，报告多少政治犯已经释放了，要有一名单。这些事做起来一点不难，那些特务机关已限制活动范围或裁撤，希望政府有一明白报告。王世杰先生说国民党是第一大党，居特殊地位，这一点如果人民自由权利不给，则一般人对此总不放心。如果政府对此诺言做了，那时政府党提出第一大党，人民就不成问题了。”

1月16日，民盟提出了关于军事问题的提案，强调调整军队的两大原则：(一)全国所有的军队应即脱离任何党派关系，而归属于国家，达到军令之完全统一；(二)大量裁减常备军额，而积极从事科学研究，工业建设，而一面普及国民军训，以为现代国防根本之图。张东荪是提案人之一。

当晚，张东荪与郭沫若在沧白堂报告政协会议情况时，遭到国民党特务的骚扰，他拍案而起。对此，《新华日报》曾做过这样的描述：“张东荪先生说，人民太苦了，抗战结束了，要这些军队干什么，我们要大裁兵，全国军队公平整编，以后军队要成为国防军，不能再有党军。张先生话还未完，台下忽然跳出了十几条壮汉，指着张先生说：‘政府军队是国军，不是党军。’几十条壮汉对着张先生同声齐喊，他们以打手姿态出现的这种行为，惹怒了张先生，张先生声色俱厉地说：‘是国民党的军队，不是国军。’在群情激怒之下，特务这才不做声了。……因为国民党特务的挑衅和有计划的捣乱和破坏，讲演会就告结束了。”

此时的张东荪称得上炙手可热。政协开幕前，张澜、黄炎培、梁漱溟、曾琦、左舜生、李璜等曾为他做寿，周恩来、董必武也曾与他交换意见。政协会议期间，蒋介石专门设宴招待他与张君劢，与他们做了长时间的谈话。政协结束后，他又去成都为大学生做了精彩的演讲，以雄辩之才，指出中国的出路在于反内战争民主。然而，当周恩来约请他参加改组后的国民政府时，他婉言谢绝了。

1946年，他在《理性与民主》一书中谈了对“士”（中国知识子）做官的看法。他认为士之为官乃是无权之官，士只能辅佐别人去治天下，而不能自己做政治上的主人，因为士“没有力量做主人”。因此他认为士的作用就是做人与讲理。

四　拒开“国大”　退出民社党

早在日本留学时，张东荪便结识了张君劢，他们共同追随梁启超，同为研究系骨干。1934年他们共创国社党（后改称民社党），40年代又同为民盟中央常委。然而，1946年11月，在“国民大会”召开之际，他俩却分道扬镳了。根据政协决议，国民大会应在停止内战，改组政府，完成宪法草案之后召开，然而蒋介石却在国民党军队占领张家口的当天，擅自下令于11月12日召开“国民大会”。为使民盟参加“国大”，国民党要员纷纷出马，威逼利诱，无所不及。民盟中常委、民社党首领张君劢自然是他们拉拢的重点人物。11月16日，张君劢委托叶笃义将一封约张东荪来南京讨论民社党参加国大的信函带去北平，叶一口回绝。当晚周恩来到南京民盟总部，听叶笃义说起此事，立即表示：“你为什么不去？张君劢参加国大是肯定的了，何必再拖一个张东荪下水呢？你去北平做一点张东荪的工作嘛。”于是叶笃义赶紧前往张君劢住处，表示愿意带信给张东荪。抵达北平后，叶笃义立即赶到张东荪住所，向他介绍了形势，力劝他勿去南京。张东荪立刻给张君劢回信：“民社党交出名单(指参加国大名单)之日,即我脱离民社党之时。"同时写信告诫张公权(张君劢之弟):"君劢四十年声名不易得,望有以全之。"

蒋介石没有忘记张东荪。11 月 17 日,他致电张东荪,请他来南京参加"国民大会"。张东荪回电蒋介石:"身体不佳,不能前往。"但他加了个尾巴:希望"国大"通过一个民主宪法,这样虽中共不参加,也会拥护。叶笃义知道后着急地说:"万万要不得,这种'国大'通过的宪法,别说中共不可能拥护,就是民盟也不可能赞成。"张东荪马上叫他的儿子乘出租车赶到电报局,把那个尾巴删除了。

张君劢同意民社党参加国大以后,张东荪生气地说:"简直是胡闹,想做官,想做官罢了"。他毅然退出民社党,并于 12 月初写信给民盟中委范朴斋:"弟意盟与民社党之关系,必须彻底清理",力主将民社党清除出民盟。12 月 24 日,民盟中常委会议决议:"有民主社会党党籍之盟员,而参加'国大'者,应予退盟。"

1947 年 1 月,民盟在沪召开了一届二中全会,张东荪出席了会议,并被推选为秘书主任。会议结束后,张东荪去了趟南京。在与蒋介石见面时,蒋要他参加政府,张推说这样一来就会失去参加和谈的身份了,他劝蒋介石先恢复和谈,再改组政府。随后,张东荪又应邀与司徒雷登见面。他对司徒说,离开北平前,他曾对中共说过要去南京劝蒋恢复和谈,中共方面表示同意,他劝司徒雷登也这么做。

蒋介石当然不会听张东荪的,别说恢复和谈,就连手无寸铁的民盟他也容不下了。5 月 14 日,国民党政府新闻局长董显光在记者招待会上发表讲话:"民盟与中共曾公开否认宪法及国民大会之合法性,该盟与反叛政府之中共既有密切关系,虽仍称系一和平之政党，然政府对该盟之态度将视其政策及行动如何而定”。6 月 1 日，国民党军警在上海、北平、重庆等地逮捕民盟盟员一百余人。张东荪心急如焚。7 月 29 日，在与美国特使魏德迈会面时，他一再强调民盟是独立政党，所谓“其组织正为中共实际控制”纯属捏造。他还写信给梁漱溟：“民盟是你辛苦创成的，现在民盟危在旦夕，请你务必赶到南京设法维护。”然而时局并没有按张东荪的愿望发展。返回北平不久，张东荪便从报纸上看到国民党宣布民盟非法的消息……

四十年代是张东荪哲学思想的成熟期，以《知识与文化》、《思想与社会》和《理性与民主》为代表，这三本书为发展现代中国哲学提供了丰富的养料和资料。这一时期，张东荪发表过不少文章，仅在《观察》上就写了 14 篇。他认为“全世界的资本主义正要推车撞壁之时”，特别推崇苏联的计划经济，说：“计划经济是社会主义的救命汤”，“用计划经济以增加生产遂使社会主义站得住，这乃是苏联对人类的一个无上贡献”。因此，他并不担心新民主主义的胜利，主张知识分子大可不必为时局的转变而担惊受怕。同时，他也指出：“社会国有计划性而有些呆板，则我们尚留一个绝对活泼的田地在其旁”，这个绝对活泼的田地即他主张的“文化上的自由主义”。他说：“我个人在生活方面虽愿望在计划社会中做一个合乎计划的成员，但在思想方面却依然嗜自由不啻生命。”

为和平解放北平奔波是张东荪引以为自豪之事。据说解放初毛泽东在一次民主人士会议上表扬过他。

1948 年冬，人民解放军在华北战场节节胜利，傅作义如坐针毡。他与老师、高级顾问刘厚同密商，表示愿意与中共谈判，但为调和双方意见，有利于和平协定的签订执行，需要有个民主党派的代表作为第三方加入谈判。刘厚同将这个消息告诉民盟盟员、华北学院教授杜迈之，杜当即表示："这好办，我马上去找民盟中央在北平的负责人张东荪，请他参加谈判。"第二天，杜迈之来到李阁老胡同张东荪家，把来意向张东荪谈了。

1948年春，张东荪曾秘密写信给毛泽东，表示愿为新中国的成立尽绵薄之力。4月27日，毛泽东写信给晋察冀中央局城市工作部部长刘仁，请他设法转告张东荪：感谢他的来信，对他的爱国民主活动表示热烈同情，并邀请他及符定一、许德珩、吴晗来解放区参加各民主党派、各人民团体的代表会议。

杜迈之与张东荪见面后不久，中共北平地下党负责人崔月犁又专门约见了张东荪，正式邀请他代表民盟参加和平解放北平的谈判。

1949年元旦，毛泽东致电林彪，要他通过北平地下党向傅作义表明我方和平解放北平的诚意，并希望"傅氏派一个有地位的能负责的代表偕同崔先生（崔载之，当时任北平平明日报社社长兼总编）及张东荪先生一道秘密出城谈判。"

1月4日，傅作义约见张东荪。他说："民盟是最大的民主党派，在社会上有名望、有威信，你能代表民盟参加谈判太好了。"

1月6日清晨，张东荪与傅作义的代表少将处长周北峰一起离开北平。临行前，崔月犁嘱咐他们："我们为你们安排好了，出西直门直奔海甸，在那里有我们的人接，联络暗号'找王东'。"他还让张东荪的儿子找了块白布缝到一根木棍上，说："过火线时，别忘了摇晃这面旗！"

当晚，他们在东北野战军第二兵团司令部过夜。1月8日，在一个班解放军战士的护送下，张东荪、周北峰乘坐军用卡车到达了蓟县八里庄。翌日，他们与林彪、罗荣桓、聂荣臻、刘亚楼进行正式谈判。1月14日，双方达成协议。签字时，张东荪说："我就不用签了，我是民盟成员，代表不了傅作义将军，只能当个调解人和见证人，返回燕京大学后，我打算去石家庄拜见毛泽东。"

临别时，张东荪接到了一件意想不到的礼物——一双崭新的高筒皮靴。

在北平和谈处于僵局的关键时刻，张东荪的参加，使和谈出现了转机。张东荪认为这是他一生中最为得意的一件事。对此，他曾经做过这样的评述："余亦自谓生平著书十余册，实不抵此一行也。"

建国初，毛泽东在颐和园一次聚会上，当着众人的面跷起大拇指说："北平的和平解放，张先生是有功劳的！"

五　周恩来说"民盟出了个张东荪"

1949年1月10日晚，张东荪在解放军的保护下乘车返回燕京大学。他在燕京大学的一次讲演中，形象地用"老鼠与花瓶"比喻傅作义的部队与文化古城北平：老鼠是可恶的，人人都想喊打，但它却躲在一个精美的花瓶中；既要消灭老鼠又要不打碎花瓶，这就需要我们采用和平方式，用和谈的办法解决。张东荪的妙喻赢得了在场师生一片喝彩。

中华人民共和国成立后，张东荪曾任中央人民政府委员、民盟中央常委。然而，过去很会写文章的他却"沉默"了。1951年7月是中国共产党成立30周年。许多人发表文章，叶笃义劝他撰文纪念，他回答说要保持他"沉默"的自由。在叶的一再劝说下，他才勉强在《光明日报》上发表了一首诗词。

对于新中国，张东荪曾满怀希望，但对“一边倒”的外交方针，他是有不同看法的。1949 年去西北坡，张东荪和毛泽东有过一次争论。毛泽东认为新中国的外交方针只能是一边倒向苏联，必须实行“一边倒”。张东荪认为应该走“中间路线”，不亲美也不亲苏，或者可以比较亲近苏联，但也要和美国建立良好关系，不能反美。因为一方面中国的建设需要美国的支援；另一方面如果中国倒向苏联一边，会刺激美国，导致美苏关系恶化，导致中国与美国直接对抗，中国可能成为美苏冲突的牺牲品。毛泽东坚决不同意张东荪的主张，认为许多知识分子都存在着严重的“亲美”“恐苏”思想，张东荪不同意“一边倒”，就是这种思想的反映。双方各执己见，互不相让。

新中国成立以后，张东荪从来不公开批评美国，他说：“燕京大学骂司徒雷登，司徒雷登很快就会知道的。”朝鲜战争爆发后，张东荪曾打算去见毛泽东，“在外交上有所进言”。当叶笃义赶去劝说时，他说：“我现在还不准备去见毛主席，等打一个时期打不下去的时候，我才去说。”

1951 年春，报上透露了张东荪第三个儿子家中搜出美国遗留电台的消息，张东荪否认与与此事有任何关系，一再强调：“共产党是知道我的。”同年夏，美国特务王志奇被逮，据他交代，第一届政协会议期间，张东荪曾交给他一份名单，对凡是“民主个人主义者”，张都做了记号。中国政府决定抗美援朝时，张又将此消息透露给王。1952 年初，在思想改造运动中，张东荪成了重点批判对象。李济深、张澜、梁漱溟曾当面向毛泽东求情，毛泽东说：“张东荪通敌有据，人证物证俱在，许多党内同志都要求将他逮捕法办，我们对他已经够宽大了。”

1952年10月，民盟召开中央常务委员会第三十三次扩大会议，决定撤销张东荪盟内一切职务，令其彻底交代，听后处理；指定章伯钧、罗隆基、史良、胡愈之、许广平、曾昭伦、吴晗等人组成审查小组，审查张东荪叛国罪行。同时让张东荪进修学习，进一步作检讨。这种宽大处理，出乎张东荪意料之外，他表示自己“不知如何才能报答此宽大的恩惠，我决定老老实实学习，以我的余年报答毛主席。”

1952年12月，张东荪作了三次《补充检讨》，对自己与王志奇会谈的详细情况作了交代，并对自己犯这样错误的动机和思想根源作了深刻检查。张东荪除承认关于预算是故意透露的、是犯了“大罪”外，坚决否认为王志奇提供情报；他承认自己发过一些不满现状的牢骚，这些可能被王整理为所谓“情报”，但他决不认为这些是自己主动提供了情报；他只承认自己被王志奇利用了，但绝不承认自己与美国特务合作，更不承认自己是“美国特务”。

1953年3月，周恩来在招待民革三中全会代表时说：“民盟出了个张东荪，他在解放后还供给美国情报，这件事是不可饶恕的。……张东荪在解放前与美、日、蒋、共四方面都有联系，有人说他是‘押四宝’。过去的事情以1949年为限，1949年以前的事就不追究了，以后仍在搞这些活动就不可饶恕了。说毛主席厚道，共产党宽大，这是对好人、对能改过自新的人而言的，如果对敌人宽大就是对人民的残忍。张东荪事件应引起严重注意。”

当时对张东荪的问题，是按照人民内部矛盾的性质来处理的，不但没有逮捕，而且工资照发，还给他保留了燕京大学教授的职位。1952年高等院校院系调整，张东荪成为北京大学的教授。

1958年他被调入北京市文史馆。

1968年1月，张东荪被人从家中带走。五年后家人终于在北京复兴门铁道医院找到了他。当家人告诉他一年前美国总统尼克松来华访问，中美两国发表上海《联合公报》时，张东荪激动不已，喃喃自语："中美不能对抗，还是我对。"

三个月后张东荪死了。

张东荪的好友、著名报人俞颂华曾于四十年代后期写过一篇《论张东荪》，说："他是一个不折不扣的学者，不是一个党人，也不是政治家。如果有人期待他做一个党人或党魁，在政治舞台上立功，那就不是他的知己。我们只能期待他在立德与立言方面有不断的贡献。人不是万能的，各有短处和长处。他能立德立言，并且在这方面已经有了成就，所以他始终能站在时代的前面，为青年学生所敬爱的导师。至于他参加政治，至多也只能在立德方面示范，若要他在政治上，尤其是在今日中国的政治上立赫赫之功，那是不可能的。"

陈仁炳：从民主教授到“大右派”

陈仁炳，一个熟悉而又陌生的名字。

1957年，在那个不平常的夏天，当反右斗争高潮过后，这个名噪一时的陈仁炳便消失了……

1990年12月9日，陈仁炳因病逝世，终年八十一岁。

在五位中央级的不予改正的右派分了中，除了那位“活不见人、死不见尸”的储安平，他是活得最久，走得最晚的一个。

牧 师 之 子

1909年9月，陈仁炳出生于湖北武昌一个基督教家庭，父亲陈崇桂六岁即入教会学校念书，毕业后又执教于教会学校。陈仁炳出生时，陈崇桂在荆州神学院任教员，出生刚满一个月，母亲带他到荆州和父亲团聚。在荆州他生活了十六年，其中九年是在教会学校度过的。

那时，有“基督将军”之称的冯玉祥在教会中极有影响，陈崇桂慕名而来，成了冯将军的随军牧师。冯玉祥十分器重这位“中国第一布道家”，让他担任随军宗教工作组总干事。

在北京，冯玉祥创办过一所德育中学。按照冯玉祥的打算，陈仁炳在德育中学毕业后将被送往德国学医。要不是冯玉祥的部队被奉军击败，陈仁炳也许早就成为一名留德医生了。

冯玉祥战败后，将部队交给张之江将军，自己则前往苏联。陈崇桂原打算与冯玉祥同行，不料动身前突发痢疾，未能前往。

1927年初，张之江率领的部队战败溃散，陈仁炳随父亲逃往内蒙一个名为萨拉齐的小镇。一年以后，陈仁炳重返北京，就读于教会办的汇文中学，陈崇桂应邀返沪，任中华布道促进会总干事。

冯玉祥与陈仁炳一家一直保持着友谊。1945年圣诞，冯玉祥应邀在重庆一个大教堂讲道。为此，他写了一首圣诞诗。陈仁炳知道后，赶作一曲，并请中央音乐学院教授独唱。1948年8月，冯玉祥从美国取道苏联回国，途经黑海时，因客轮起火不幸遇难。冯夫人李德全，解放后曾任卫生部长，在陈仁炳划为右派分子的日子里，李德全常来看望，给了他很大的安慰。

大 学 生 活

陈仁炳在大学校园里生活了八年，其中前四年是在沪江大学度过的。

对他来说，这是一个意外。

1928年夏，陈仁炳从北京来到上海。这是他第一次到上海。来沪前，由于成绩优异，陈仁炳已被燕京大学新闻系录取。在汇文中学读书时，陈仁炳的作文曾荣获一等奖，这使他雄心勃勃，打算将新闻事业作为自己的终身职业。然而，母亲突然病倒，父亲又随中国代表团去耶路撒冷参加世界基督教大会，身为长子的陈仁炳已不可能回北京了。他几乎是在沪江大学入学考试报名的最后一刻，才决定去报名的。

在沪江陈仁炳十分活跃，除了参加音乐活动外，他还是“华北学生剧团”的成员，这个剧团是沪江大学十几位学生组织的。进沪江的第二年，陈仁炳和剧团的伙伴们打算演出《少奶奶的扇子》，他们需要一位导演，于是登门拜访了正在复旦大学教授西洋文学的洪深，正在患病的洪深向他们推荐自己的助手应云卫。应云卫是中国话剧运动的先驱者，早在1921年他就参加创办了我国第一个有组织的话剧团体——上海戏剧协社。为了话剧事业，他辞去了虞洽卿办的轮船公司副经理的职位。在这位“戏痴”的无偿指导下，“华北学生剧团”演出的《少奶奶的扇子》获得了极大成功。在这场戏中，陈仁炳扮演了吴八大人，对他的表演，应云卫十分满意。

从此，陈仁炳和话剧结下了不解之缘。1939年，在新加坡、马来西亚，他和项堃同台演出《雷雨》；1942年，在重庆，他又和白杨携手共演《茶花女》。

1931年9月18日，日本关东军炮击北大营，进攻沈阳，消息传来，沪江学子群情激愤。9月26日，校园里，半旗下，陈仁炳强忍泪水，发表演讲：“愿我们在半旗下，痛心决志，擎起我们的国旗前进，让我们的国旗重新飘扬在东北的上空。”第二年，当淞沪抗战枪声响起，陈仁炳又奔赴前线，抢救伤兵和难民。

1932年9月，陈仁炳远渡重洋，赴美留学。次年获南加州大学社会学硕士学位，1936年获密西根大学社会系博士学位。

回国前夕，密西根大学突然来了一个叫做贺川富彦的日本学者，以“谈谈亚洲形势”为题，发表演说，左一个“满洲国”，右一个

“满洲国”，公然为日本侵华政策辩护。陈仁炳愤然站起，振臂高呼：“不要听了，我们走！”陈仁炳的壮举，成为当地报纸的重要新闻。多年后，一位目睹陈仁炳壮举的同学还在报刊上发表文章，对此事津津乐道。

南洋之行

1938 年夏天，武汉曾经出现过一个进步文艺团体“武汉合唱团”，著名歌唱家周小燕和著名电影表演艺术家项堃都是这个合唱团的团员。

据周小燕回忆，那年夏天，她放假在家，在抗战气氛的感染下，和一些爱好音乐的热血青年一起组织了“武汉合唱团”，这个团的团长就是当年红遍中国的名曲《八百壮士》的作者夏之秋。他们每周活动两次，地点就在周小燕家。在 1938 年 7 月的一次会议上，武汉合唱团的全体团员一致决定去海外宣传抗日。周小燕没有去，弟弟刚刚病逝，父亲把全部希望都寄托在她身上，她离开了合唱团，去了法国巴黎。

周小燕说，最早提出去海外演出的是陈仁炳。

陈仁炳是 1936 年秋回国的。回国前不久，华北爆发了“一二·九”学生运动，与此同时，在上海，沈钧儒等发起了救国运动。狂飙突起的抗日救亡运动，对陈仁炳的影响是极为深刻的。他爱好文艺，要投身救亡运动，首先想到的自然是宣传演出，于是他参加了武汉合唱团。由于学历最高，能力最强，很快他便成为武汉合唱团的领队。经他提议，武汉合唱团改组为集戏剧、演讲、歌咏三者为一体的文艺团体，在短期内突击练唱了《义勇军进行曲》、《救国军歌》、《保家乡》、《游击队歌》、《大刀进行曲》、《松花江上》、《打回老家去》、《抗敌歌》、《军民合作》、《流亡三部曲》、《打回东北去》、《焦土抗战》、《救亡进行曲》、《牺牲已到最后关头》、《最后的胜利是我们的》、《歌八百壮士》等抗日战歌;还排练了他们自编的《逃亡到星洲》(反映他们从武汉逃亡到星洲去参加抗日救亡运动的情况)、《三江好》、《人性》和曹禺名著《雷雨》等话剧。抗战全面爆发后,地处华中的武汉成为全国政治、经济、文化的中心,武汉合唱团的活动自然引起了国民党当局的注意。1938 年 9 月 15 日,蒋介石委托国民政府军事委员会政治部第三厅厅长郭沫若会见了武汉合唱团全体团员,对他们的海外演出计划嘉勉有加,并赠送亲笔题辞"民族呼声"。一个星期后,宋美玲又代表蒋介石接见了武汉合唱团全体团员,向每人赠送了有她亲笔签名的书籍。合唱团离开武汉前,国民党宣传部还召开了欢送大会,副部长董显光等五百余人出席会议。临行前,武汉合唱团又收到了国民党行政院孔祥熙的一笔捐款。

12 月 14 日,武汉合唱团抵达新加坡。四天后,他们在侨界领袖陈嘉庚先生主持的欢迎大会上试演,立即引起轰动。12 月 22 日,武汉合唱团在新加坡首都戏院正式公演,一连八晚,场场爆满。在观众的一再要求下,他们延长演出,直至翌年 1 月 8 日。

1939 年 1 月 15 日,他们先后在新加坡大世界、新世界和快乐世界三大游艺场轮流演出,历时三个月,收入十五万国币。他们把全部收入捐给"南侨总会",汇交祖国,支援抗战。

1939 年 4 月 11 日,武汉合唱团离开新加坡,北上马来亚柔佛。此后,在长达一年的时间里,他们的足迹遍及整个马来半岛。

那时,陈仁炳既是领队,又是演员;除了演戏,还要演讲,南洋的中文报刊几乎天天都有他的演说词。他们每到一地进行义演，当地的华侨工商界知名人士以及广大侨胞都慷慨解囊，不少女侨胞摘下心爱的金戒指、金耳环、金项链、金手镯等饰物，纷纷捐献。气氛之热烈，场面之动人，使陈仁炳禁不住热泪盈眶，当即跪倒在台上，代表抗敌战士和受难同胞向侨胞们致谢。

自1938年12月起，武汉合唱团在新加坡、马来亚各地巡回义演达十六个月之久，共筹集抗战捐款1150万元，相当于马来亚全体华侨平均每月捐款的四倍多，也相当于世界五大洲华侨平均每月捐款的一倍多。广大侨胞的爱国热情给陈仁炳留下极为深刻的印象。他曾对《南洋商报》的记者说："看到侨胞们踊跃捐献，我非常感动。'华侨乃革命之母'，实在当之无愧！"

武汉合唱团的南洋之行，不仅在经济上支援祖国抗战，而且使抗日歌曲在新马大为普及，就连同情我们的马来印度籍友人也会唱雄壮有力的《义勇军进行曲》呢。

民主斗士

1940年秋，陈仁炳途经缅甸，回到重庆。

南洋之行的成功，华侨的巨额捐款，使孔祥熙对这位陈博士另眼相看。他要陈仁炳出任重庆国际广播电台的负责人，条件是必须加入国民党。陈仁炳拒绝了。此时，他对国民党的腐朽已有了清醒的认识。因此，孔祥熙只给他一个没有实权的财政部专门委员。每次填写人事表格，在"是否是国民党党员"一栏中，陈仁炳总是填写"正在办理手续中"。

1945年8月，在欢庆抗战胜利之际，陈仁炳和分别十四年之久的姨母李文宜重逢了。当时，李文宜已是中国民主同盟盟员，这次来重庆，是准备参加民盟全国代表会议的。在她的介绍下，陈仁炳加入中国民主同盟。

1947 年 5 月 20 日，宁、沪、苏、杭等地区十六所专科以上学校的六千余名学生，不顾国民党当局的禁令，在南京举行示威游行，国民党军警野蛮镇压学生，制造了震惊全国的“五·二〇血案”。5 月 21 日晚，参加请愿的国立社会教育学院的学生在苏州拙政园召开抗议大会，陈仁炳应邀出席并作了精彩的演讲：“有一部电影叫《一江春水向东流》，目前，我们中国在政治上也有一个‘一江春水向东流’，就是流向民主，流向自由，流向人民的意志所向。”演讲结束时，他带领学生高呼“民主万岁”！第二天，学院训导处许某将陈仁炳叫去，阴阳怪气地说：“听说陈先生昨晚在会上非常激动，痛哭失声还喊口号，足见先生感情之丰富。不过，我希望陈先生以后还是抑制一点为好。”陈仁炳淡然一笑，一走了之。

不久，陈仁炳回到上海，在圣约翰大学担任教授，当时“上海市大学民主教授联谊会”（简称“大教联”）干事沈体兰也是圣约翰大学的教授。早在沪江大学学习时，陈仁炳就结识了在基督教青年会工作的沈体兰。经沈体兰介绍，陈仁炳参加了“大教联”。一次，在八仙桥青年会，他和张志让、沈体兰等大教联成员与美国驻华大使司徒雷登进行激烈辩论。司徒雷登竭力为蒋介石辩护，说蒋是想把国家搞好的，可他手下的人贪污腐化，他要陈仁炳等人帮助蒋，不要让共产党钻空子。对司徒雷登的荒谬言辞，陈仁炳予以严词批驳。他激动地说：“我父亲是你的老朋友，但不要以为我出身基督教家庭，就一定会听你的话。国民党就是靠贪污而存在的，你们支持这样一个腐朽政权，给蒋介石一亿三千万颗子弹，帮助他打内战，杀害中国人民，这一点我们是不会忘记的！”

1948年5月，国民党统治区爆发了“反对美国扶植日本”运动。5月22日，上海学联在交通大学举行万人大会，发动反美扶日的10万人签名运动。陈仁炳应邀出席。作为这次大会唯一的演讲者，他作好了被捕的准备，在将衣服口袋全部查清，确认没有留下一张纸条之后，他从容不迫地走上了演讲台，慷慨激昂地说道：“日本法西斯危害人类安全，威胁世界和平，我国法西斯更是制造内战和饥饿的罪魁祸首。因此，我们非反不可！”几天后《字林西报》第一版刊登了圣约翰大学解聘陈仁炳的消息。陈仁炳没有屈服。1948年10月，他参加了转入地下民盟上海市支部民运委员会。次年3月，又成为民盟上海市支部解放工作委员会成员。在迎接上海解放的战斗中，他不畏艰险，做了许多工作。这些活动，为陈仁炳在上海乃至全国范围内赢得了“民主教授”的美誉，也引起了特务机关的注意。

1949年4月，敌人的魔掌伸向了陈仁炳。危急关头，他得到黄炎培次子黄竞武通过尚丁转来的情报，立即悄然离沪，潜往南京。

创　办《展　望》

在电影《乌鸦与麻雀》和《永不消逝的电波》中，你会看到人们关起门来焚烧《展望》的镜头。

当年，《展望》每期发行量超过十万，是一份颇具影响的进步刊物。它的创办是和陈仁炳努力分不开的。

1946年夏，在南京的民盟盟员罗涵先、罗子为、陈仁炳、陈新桂、尚丁等打算办一个刊物，定名《展望》。按当时的“出版法”，办刊物先要登记,登记人一要有大学文凭,二要是国民党党员。陈仁炳主动提出由他出面,在他的两个学生的帮助下,“顺利”地拿到了登记证。

《展望》的创刊号诞生于1947年10月7日,由罗涵先主编,尚丁负责出版发行,印资是由何公敢、章乃器、施复亮等人捐集的。一个月后,在国民党当局的高压下,民盟总部被迫解散,时局恶化,人事星散,《展望》已无法继续出版了。

1948年4月,黄炎培先生主办的《国讯》被国民党当局查封。经尚丁中介,陈仁炳、罗涵先代表《展望》原创刊人,与黄炎培、杨卫玉、盛丕华、俞寰澄等达成协议:《展望》周刊,由黄炎培接办,俞寰澄任社长,黄炎培、陈仁炳任副社长,尚丁任经理,主持《展望》编辑工作的是王元化。

由于《展望》坚持了“多数人民的立场”,填补了国统区人民对为大众说话刊物的迫切需要,它的每期发行量都超过十万份。1948年7月,陈仁炳事因事赴北平,亲眼目睹报摊主人将《展望》藏于特别暗柜之中,仍有许多读者前来购买的场面。

陈仁炳为《展望》写过许多文章。抗战胜利3周年之际,他为《展望》撰文《逆流与合流》(2卷12期),指出:“胜利以后,爱好和平与团结的人民希望的最高峰,都寄托在政治协商会议上,老百姓、知识分子、一切无私的人们,在那时以为从此真个可以希望‘政治问题以政治方式解决’,全国人民可以略事喘息,养歇八年的创伤,把中国造成一个像样的国家。然而一股逆流冲来,今日放在我们前的尽是破坏,是糜烂,是新的民族危争,是日本法西斯卷土重来的威胁,是人民确实难得再活下去的一种痛感。短短的三年,失望和绝望竟有完全代替希望的形势。”1949年元旦,陈仁炳发表《新年展望》:“回顾中华民国三十八个年头,我们尽做些什么去了?在二十世纪文明竞争中,我们做了些什么成绩,我们在教育、科学、艺术、工业、交通、政治各方面的进步,有哪几门见得了人?比得上旁人?除了几十年内战,死伤的人数毁坏的财产称世界各国第一而外,其他各门恐怕拿倒数第一的会不在少数。直到今日还有人不肯痛心觉悟,还想拿这点破落书香门第的资产,往世界三次大战下一注,企图以外局救内局,这不但是中国人自杀的路,也是全人类自杀的路,这班‘苦撑待变’的朋友们不但要自行落水,而且想拉人下水……,1949 年的世界和中国命运绝对不能让这些朋友们操持,原子时代的火,不是燧人氏的火,是绝对玩不得的!”(《展望》3 卷 9 期)针对蒋介石的求和声明,陈仁炳冷嘲热讽道:“三年来和平的曙光最灿烂的一刹那,我想,应该就是蒋先生在致完了政协的开会词以后,郑重地宣布伟大的四项诺言的那五分钟。在和平高唱入云的今天,那四项政府决定实施的诺言,的确值得回想一番。”(《展望》3 卷 12 期)蒋介石宣布引退后,陈仁炳在《展望》3 卷 15 期上发表《论政治道理》:“谈政治道德,其道甚简,其理甚明,只要能做到光明、诚实、站在人民的立场,以天下为公就行,无所用其繁言。可是,翻开历史一看,不肯向历史学习的人滔滔者天下皆是!妄用聪明者反为聪明所误,妄用权力者终为权力所败,当做的不做,当行的不行,当止的不止,当退的不退,中国历史的悲剧难道就这样无休止地一页一页地写了下去嘛!不过且慢,人民还在等待着把这悲剧一劳永逸地变成喜剧。”针对胡适教人用作揖打躬的方式去企求改革,他在《展望》上发表《超越自由主义》(2 卷 22 期),一针见血地说:“胡先生的自由主义恐怕不但争取不到自由,而且还要先自动将自由的手加上绑。解放云乎哉,‘自由’云乎哉?我们不得不感觉，自由主义既然争不到自由，我们要自由主义何用？……因此，我们很希望，今天甚多的知识分子朋友们，能够超越自由主义前进。”

说到胡适，这里有必要作一点补充。三十年代，陈仁炳是很敬佩胡适的。1932 年 10 月胡适发表过一篇《一个代表世界公论的报告》，对国联李顿调查团的报告大为推崇，因此遭到舆论界的责难，此时，远在大洋彼岸的陈仁炳给胡适写来一封热情洋溢的信。明确表示，他“觉得有写一封信表示我钦佩先生对于李顿报告所取态度的必要”。他赞颂胡适这种“忍辱负重的论调是代表较成熟、较稳重、已经在社会中尝过事实上磨练，懂得实际上解决问题步骤的人士的意志”；“先生的态度是对的。至于将国土丧掉了，自己还在早一个会议晚一个电文，说一些不相干的虚张声势、痛快淋漓的话欺哄国人的人，我替他们怪害羞的。这一种的人，不但不配执政，不配下训令，连当今日中国的国民都不配！”

《展望》周刊解放前共出版四十五期，时间虽不长，但由于时处解放战争关键阶段，当时《文汇报》已被查封，所有进步刊物都已被迫停刊，只有《展望》一家尚存，可以说它是上海黑暗中唯一的一线光明。所以它的政治影响之大，不可估量。尤其是《一周军事展望》专栏，备受国民党当局的注意，他们认定专栏的作者所引用的绝密资料，只能出自国防部中将以上官员之手。为查出“内奸”，特务们兴师动众，在国防部明查暗访，终于一无所获。

1949 年 3 月 19 日，三名宪警持国民党政府上海市社会局全字第 01080 号令对《展望》实行查抄搜捕。《展望》被迫停刊。

上海解放后，《展望》于 6 月 1 日复刊。它是得到上海市人民政府批准登记的第一个出版物。

坎坷经历

解放初的八年，是陈仁炳意气风发的8年。

八年里，他曾任民盟中央委员、华东人民监察委员会委员、上海市政协副秘书长、民盟上海市副主任委员兼秘书长。同时，他还是复旦大学历史系的教授。那时候，在上海，陈仁炳是一个十分活跃的人物。反右派运动风起，民盟成为反右派斗争的重灾户。而且在民盟右派的名单上，除了他之外，还有他父亲，中国基督教三自爱国运动委员会副主席陈崇桂的名字。这么高层次上的父子右派，在反右运动中也是绝无仅有的！

那时，他被撤销了一切职务，先后下放到上海县颛桥、嘉定县外岗，和王道时、沈志远、彭文应、徐铸成、陆诒、吴茵等49个“罗汉”一起劳动改造。

多年以后，陈仁炳和人说起1957年毛泽东在《打退资产阶级右派的进攻》一文中，即《毛泽东选集》第五卷的第448页中提到他，随手拿起放在客厅钢琴上的《毛泽东选集》第五卷，一下子就翻到那一页。这么容易是因为这一页本来就留有翻阅的特别记号，上面有他用红铅笔在“陈仁炳”的名字下划出的痕迹。

翻开1958年6月9日的《解放日报》，只见上面赫然刊登着《陈仁炳对共产党整风方法有不同意见》。《解放日报》在发表这篇文章时说明：“这是陈仁炳同志在中共上海市委宣传工作会议上的书面发言，标题是本报编辑部代加的。”陈仁炳在文章中指出：“作为民主党派的成员，我以最大的忠诚拥护党的整风运动。党这样地以最大的热诚和虚心征求各方面的批评意见。这样的严格对待自己的精神，是伟大的。”陈仁炳在发言中，说了一个汉代贾谊在“文景之治”时指出王朝危急的故事，当时贾谊在《陈政事蔬》中，列政事“可为痛哭者一，可为流涕者二，可为长太息者六”。陈仁炳说：“我不敢说一定有叫人痛哭流涕的事情，但是至少，令我们长太息的事情恐怕实在太多了。”陈仁炳对群众不敢鸣放的原因作出六点分析：“一怕打击报复；二怕党和政府没有决心纠正错误，改正缺点，反而因为提意见而开罪于人；三怕所批评的对象是不倒翁，是一块搬不动的石头，批评由你批评，而不发生纠正错误的效力；四怕所提意见不全面，反被领导拿‘两点论’来加以驳斥；五既然提出的是缺点，怕领导上认为就是否定成绩；六是怕领导批评你是在算旧账。”陈仁炳发言最关键的一点，就是他提出可以“算旧账”：只要我们的动机正确，为了党和祖国的前途，而不是为了算账而算账，就算是一种“算账主义”，那为什么不好算呢？“古人说：前事不忘，后事之师。譬如说，算一算浪费和走弯路的账（如果有这样账的话），我认为只有好处，没有坏处。”

正如四十年后上海史的研究者针对这一发言特别指出的：陈仁炳留学美国，深受英美民主政治的影响，他的发言确实如标题所说的，和一般教授从具体问题“就事论事”的谈论不同，具有政治学观点。而研究者又指出，陈仁炳的发言稿是上海党报《解放日报》在准备反击“右派”言论前两次不加批评和表态的“争鸣”文章之一，这些文章引起毛泽东的高度关注。

其实，陈仁炳成为右派，除了以上公开发表的言论外，也和他在解放后的一些表现直接有关。早在1949年民盟一届四中全会期间，陈仁炳就对一些有救国会背景的人取得了相当多的位置，甚为不满。在周恩来会见出席民盟一届四中全会代表时，陈仁炳从后面向周恩来递上了名片以及一张条子，条子上写有“请照顾方方面面”的字样。周恩来回头问谁递的，旁边的李文宜指了一下陈仁炳。

1956年至1957年，身为上海市政协副秘书长的陈仁炳，在政协的一些会议上，直接和当时一位身兼中共上海市委副书记，上海市委统战部部长等要职的负责人发生冲突，而且不少是政策性问题上的意见分歧。陈仁炳提出，共产党不能一党说了算，民主党派应该有更大的发言权。他看不惯一些民主人士唯唯诺诺的举动，提出“反对乡愿态度，提倡贾谊精神。”他对一位同事说，晚上失眠，打开收音机，想听音乐催眠，但从收音机听到的全部是宣传性的文章和政治歌曲，“没有真正意义上的音乐”，“这怎么行”。他认为党的文艺政策应改一改才好。在其他的公开场合他也有类似的言论。当时的上海市委主要负责人柯庆施对这些情况自然是一清二楚的。1957年五六月间，在一次会议上，陈仁炳与柯庆施就继续“鸣放”还是马上就“收”发生争执，引起柯庆施的震怒。柯庆施说，我们共产党就是要饭的出身，手中拿着一根打狗棍，如果遇到主人比较客气就算了，但如果遇到主人不客气，那么我们是要用打狗棍打的。陈仁炳闻此言一下子默不作声地坐了下来，不久即起身扬长而去。不久的8月间反右运动高潮时，在中苏友好大厦——(即今天的上海展览馆)召开的上海二届二次人民代表大会的一次预备工作会议上，柯庆施再次放言道：几个月前我见到陈仁炳，我告诉他不要看你跳得多么高，我会叫你知道，到底是你说了算，还是我说了算！随后陈仁炳自然而然地就被定性为右派，其中“乡愿”一说，被定性为攻击民主人士和党外积极分子。事实上，北京有关人士非常注意陈仁炳和罗隆基之间所谓的“组织关系”，就在陈仁炳被划为右派后，陈仁炳和罗隆基的联系以及陈仁炳和美国的联系还受到上海有关部门的高度关注。

1960年2月，陈仁炳回到复旦，但此时他已被取消了教书资格。虽说1962年他又重执教鞭，可好景不长，1965年"四清"运动一开始，他手中的教鞭得而复失，竟成了复旦大学后勤组的工人。十年浩劫，陈仁炳身心受到严重摧残。一年四季，无论寒暑，他每天须清晨四时起床，从曹杨路家中步行半小时赶乘公共汽车到复旦大学木工厂劳动。他锯过木板，挑过水泥，烧过柏油，扫过厕所。期间，因劳动认真，表现突出还被评为"先进工作者"。

1974年，他以"复旦大学木工厂工人"的身份"光荣退休"。直到1989年才得以享受离休待遇。此时，他已年过八旬，风烛残年。

晚年，他常常回忆过去，尤其是1945年至1949年那段经历。1989年12月，在民盟上海市委为他举行的祝寿会上，陈仁炳满怀深情地说："民盟给了我第二次政治生命，在民盟的教育下我确定了我的政治方向。从1945到1949，在党和民盟的指引下，我精神百倍地往前迈进，在争民主反内战的道路上做了些我应该做的工作。战斗的需要叫我不能计较个人的安危，在这几年里，我一刻也没有忘记李公朴、闻一多，我不能有愧于他俩的名字。1949年4月17日，当尚丁同志由于黄竞武同志的通讯报信，叫我即刻转移时，我转移到南京，但是黄竞武同志自己却被逮捕活埋。因此，在和蒋介石斗争的岁月里，做民主工作是一种九死一生的工作。我作为一个盟员，生活在那个境界里，民主第一，战斗第一，生死是小事，我能够过那种生活，至今回忆起来，觉得是我的幸福，如果那时结束了我的生命，我是不后悔的！"

1980年6月，有关方面对被划为右派的二十七名上层爱国人士进复查，但是章伯钧、罗隆基、储安平、彭文应和陈仁炳五人未获改正。除了生不见人、死不见尸的储安平外，陈仁炳是当时唯一活着的一位。这给晚年的陈仁炳带来了难以言说的心灵上的打击。他多次和他有着世交兼邻居关系的王元化谈及自己这一难解的痛楚，无法接受王元化叫他“看得淡一些”的劝解。“陈仁炳是抑郁而终的”，王元化在向来访者回首往事时，两次强调了“抑郁”二字。不少熟悉陈仁炳的亲朋好友也都这么认为。陈仁炳对“文革”期间家庭和他的家族遭受的苦难痛心万分，他曾对友人称自己是“还活着的真右派”。而对前来采访的传记作家叶永烈也自称是“禁区”，叫叶永烈不要来采访他。陈仁炳多次对人说，他对有关方面既承认他解放前后曾“为人民做了许多有益的工作”，但又“不予改正”的现状耿耿于怀。他甚至搞不明白，为什么他和章伯钧、罗隆基、储安平和彭文应一起，成为“不予改正”的五人之一。

1990 年初，陈仁炳卧病在床，朋友来探望他，他精神恍惚地说：现在评社会科学系统的院士了，他的老朋友沈志远（1957 年时任民盟上海市委主任委员，经济学家，1957 年被划成右派分子）排在第一位，他自己应该排在第二位。他在复旦大学上课时用的上下两册的教材《英文世界史学名著选读》，希望能够出版。“周谷城应该给我的书名题签，我们毕竟在一个教研室工作过”。当时的周谷城已经是全国人大常委会副委员长。此时他已经有些幻想症了。

1990 年 12 月 9 日，陈仁炳逝世，中共中央统战部、民盟中央、上海市政协、中共上海市委统战部、民盟上海市委、上海市教卫办、复旦大学以及吴邦国、楚图南、费孝通、钱伟长、苏步青、谈希德、谈家桢等送了花圈，有关部门在上海龙华殡仪馆大厅为他举行了遗体告别仪式。

安福才子彭文应

彭文应，江西安福人，生于 1904 年。父亲彭敬之是个前清秀才，曾任安福县立小学国文教师，罗隆基、王造时都是他的学生。彭文应自幼家境贫寒，但聪慧好学。1917 年，年仅十三岁的彭文应报考清华学校，结果，在江西近两千考生中名列第一，消息传来，在家乡引起一阵不小的轰动。三十九年后，彭文应的儿子彭志一考取北京钢铁学院，和儿子分手时，他动情地回忆起当年他和王造时背着背包，撑着雨伞，走出山村，去清华读书的往事。

清华是用“庚子赔款”创办的留美预备学校，学校的一切是模仿美国的，但在相貌淳厚，憨态可掬的彭文应身上却嗅不到一星半点的洋味。他为人谦和，温文尔雅，不爱运动，从不与人争吵，更谈不上动武打架，因此同学们戏赠他一个绰号“少妇”。

1925 年 6 月，彭文应以优异的成绩毕业，获公费赴美留学，与王造时一同就读于威斯康星大学，1927 年获政治学学士后转读哥伦比亚大学，1930 年获政治学硕士学位。

在美国留学的七年中，彭文应生活十分简朴。他住的是学生宿舍底层面积最小的一间，光线暗、灰尘多、噪声大，每月租金 8 美元。

学习之余，他还利用假期外出演讲或打工，以补生活费用不足。

读书之余，彭文应总爱苦思冥想，构造设计诸如空中楼阁、空中火车汽车之类的东西。他还改良中式服装，亲自穿着示范，宣传改良中式服装十大优点。虽然这与他选择的政治学毫无瓜葛，但他乐此不疲。1958 年，彭文应与上海四十八名大右派被集中到颛桥改造，劳动之余，他还津津乐道于如何改进农具呢。

留美期间，彭文应到过交易所，去过贫民窟，既见过富人空关的豪宅，也见过公园露天过夜的穷人。在哥伦比亚大学，他选修了马克思主义，还参加过美国共产党组织的集会。他认为，社会主义一定会在中国实现，但不赞成阶级斗争。

呐喊救亡　投身抗战

彭文应是 1932 年 8 月回国的。当时，王造时在光华大学担任文法学院院长兼政治系主任。经他介绍，彭文应应聘为光华大学政治系教授。是年冬，王造时用在美留学时期他和彭文应、潘大逵等节约储蓄的基金，创办了《主张与批评》。《主张与批评》只出了四期，就被国民党当局以言论荒谬为由查禁了。次年 2 月，王造时又创办了《自由言论》，虽比《主张与批评》多出了几期，但结局一样，于 1933 年底，被当局勒令停刊。

彭文应是这两份刊物的主要撰稿人之一。在《主张与批评》第四期上，他发表“社会主义之路比较可通”，列出了社会主义之路比较可通的四条理由：第一，社会主义是最公平的制度；第二，社会主义可消灭阶级的冲突，建立安定的秩序；第三，社会主义可以促进生产；第四，社会主义可以联合全国，抵御外侮。在文章结尾，彭文应热情洋溢地写道:“我们不能永远站在十字路口,我们必须一致前进。四万万中国人!我们大家携手一致,向前面社会主义之路,开步走!”在《自由言论》六期上,他撰写了“剿民乎?剿匪乎?”指出:“先剿匪,后抗日,这是两年来政府坚持不变的政策。国可亡,地可失,日本可以放过,帝国主义可以携手,但共产主义必须铲除,政敌必须消灭。……几年来倾政府的全力,集全国的精锐,调兵数十万,转战数百里,兵力不可算不厚。飞机、大炮、兵舰,凡是杀人的利器无不用;直捣、横攻、包围、封锁,凡是作战的方法无不行。器械和方法无不算不精。猛将如云,谋臣如雨,军长临阵,总座亲征。计划不可算不周;决心不可算不坚。一次、二次、三次,一年、二年、三年,时间不可算不长,机会不可算不多,但结果呢?‘匪兵’一天一天加大,‘匪众’一天天加多。……当然,政府所号召的是剿匪。匪是人类的公敌。匪难道可以不剿?剿匪又谁能反对?不过我恐怕政府诸公认错了题目,因此作错了文。……如今政府所剿的,所要亟亟消灭的,并不是南京巷中的小窃,租界掳人的绑匪,贪赃枉法的贪官,卖国失地的国贼。如今政府所剿的,所要亟亟消灭的,乃是信仰马克思、服膺列宁的青年,赞成土地公有,产业国营,打倒帝国主义的一部分人民,和无数穷苦无告、无路可走、被逼而要求生活的工农、失业同胞。”三十年代初,在白色恐怖笼罩下的上海,彭文应能写出观点鲜明的文章,足以说明他的思想倾向,也足以说明国民党当局为何要查禁《主张与批评》和《自由言论》这两份刊物了。

由于彭文应和王造时屡有反对国民党政府的言行,在当局的干预下,光华大学于1932年6月将他俩解聘。此后,在潘大逵的介绍下,彭文应任教于上海法学院。一次上课,彭文应竟将避孕药物带入课堂讲解,引起学生们的嘲笑惊异。有人就此事向法学院副教务长潘大逵反映，潘以为好友身染不拘形迹的名士习气，一笑了之。其实，彭文应当时对中国的人口问题颇为关注，还参加了节育指导所，热心于节育宣传。

1934 年 2 月，应罗隆基邀请，彭文应来到天津。当时，罗隆基除担任南开大学教授兼《益世报》主笔外，还用孙传芳捐赠 5 万元开办了“中国社会科学研究所”。在任“中国社会科学研究所”研究主任期间，彭文应与罗隆基共同编写了揭露蒋介石政府罪行的《蒋政府之政绩》。其中，军事、外交两章是由彭文应执笔的，内政、财政则由罗隆基撰写。1935 年，香港一家报刊曾将此书分期转载。1934 年 6 月，彭文应离津返沪。据他自己说:因侍奉老母，请假回上海。”

次年夏，彭文应与王造时前往香港，与李济深、陈铭枢商讨发起“民族革命大同盟”，后因意见不合而流产。就在彭文应离港返沪之际，亲日派汉奸发起了所谓“华北五省自治运动”，华北危在旦夕。12 月 9 日，北平爆发了一二·九学生运动。12 月 12 日，彭文应与上海文化界二百八十三人联名发表《上海文化界救国运动宣言》，号召文化界立刻奋起，“站在民众的前面而领导救国运动”。12 月 27 日，上海文化界救国会在西藏路宁波同乡会举行成立大会，彭文应出席会议。次年 1 月，彭文应参与发起了上海各大学教授救国会，并被推选为上海各界救国联合会理事。

那时，彭文应经常参加救国会领导人的集会，名记者陆诒在回忆文章记述了彭文应在救国会一次会议上的发言:“我是江西人，见闻所及，深知中国共产党人和红军都是热烈的爱国者，他们积极主张停止内战，一致抗日。现在敌寇已经跨越长城，入侵华北，国难当头，我们应当同他们联合起来，共御外侮!”

救国会的聚会给彭文应留下了深刻的印象。五十年代中期，他曾回忆说:“在那些会中,对抗日的意见是一致的,但对民主的意见就有两种:一种是‘不谈民主,只谈抗日’,章乃器如此主张;另一种‘谈抗日,同时也要谈民主’,我和王造时如此主张。”

1936年5、6月间,全国各界救国会(简称“全救会”)在沪成立,彭文应被推选为干事。同年7月,彭文应与沈钧儒、章乃器、史良、沙千里前往南京,代表救国会要求正在南京召开的国民党五届二中全会立即对日抗战,停止内战,开放民众救国运动,并允许救国会代表在大会上发言。这些要求被国民党拒绝。彭文应等在南京召开记者招待会,介绍全救会的成立经过和主张,要求新闻界全力支持,尽量报道救国运动消息,扩大救国主张,推进抗日救亡运动。

七君子事件发生后,彭文应与宋庆龄、何香凝、胡愈之等共同签名,向江苏省苏州高等法院呈文具状,发起“救国入狱”,严正声明:“我们准备入狱,不是专为了营救沈先生等。我们要使全世界知道中国人绝不是贪生怕死的懦夫,爱国的中国人决不仅是沈先生等七人,而是千千万万个。中国人心不死,中国永远不会亡!”

1937年7月5日,在宋庆龄女士的带领下彭文应等十二人到苏州高等法院自请入狱。在与法院的交涉中,彭文应义正词严地说:“你们说沈先生他们七个人参加救国会有罪,那我们都曾参加,我们也有罪,为公平起见,请你们把我们一道押起来吧!”在彭文应等人的轮番质问下,苏州高等法院院长穷于应付,只得有气无力地说:“苏州天气太热,还是请你们早点回上海去休息吧。”宋庆龄女士严肃地说:“我们不是来苏州乘凉的,而是来自请入狱的。”相持很久之后,法院又请苏州颇有名望的张仲仁老先生前来对谈。

彭文应知道他来苏州是一场制造舆论的政治斗争,国民党不可能让他们自请入狱,更不会因此释放“七君子”。他们借此机会提出入狱探望“七君子”，法院被迫同意。在探望“七君子”后，彭文应和潘大逵在苏州住了一宿，第二天，他俩又一次探望了“七君子”，并与他们共进一餐不算太坏的“牢饭”。

卢沟桥事变后，国民党当局同意“七君子”交保释放。8 月 1 日，当“七君子”抵达上海北站时，彭文应与胡愈之、钱俊瑞等近百人在月台迎候。在车站候车室，他们举行了欢迎会，彭文应率众高呼：“打倒日本帝国主义”，“抗战到底”！

上海沦陷前夕，彭文应和其他救国会成员先后撤退到武汉。彭文应到武汉后，创办了《民主》半月刊。潘大逵后来回忆说：“我曾在该刊发表《节约应从政府起》一文，抨击国民党政府之腐朽：在国家危亡之秋，达官贵人还挥霍浪费，奢侈无度，整天花天酒地，醉生梦死。彭文应那时经常与救国会的领导人联系，多次向沈钧儒汇报工作。”

1938 年 10 月武汉失守，彭文应回到老家江西，任省政府临时参议会参议。国民党省政府主席熊式辉多次以高官厚禄拉拢他参加国民党，他不为所动，一次，在熊式辉主持的会议上，面对一片反共叫嚣，彭文应拍案而起，严词批驳，在场的一个反动军官恼羞成怒，拔枪威胁，彭文应怒目而示，毫不畏惧。

1939 年 5 月，彭文应与王造时等人组织了“前方文化社”，将《日新日报》改名为《前方日报》，王造时任社长兼发行人，彭文应任总笔。在这张进步的报纸上，彭文应撰写过不少宣传抗日，坚持团结，争取民主的文章。

1940 年秋，彭文应出任江西省永修高级农业学校校长。他主张对学生进行人格教育，道德感化，反对压制体罚，还收留不少孤儿入学，用自己的薪金供他们衣食。他还创办农场，救助难民。

1944年春，彭文应被聘为南昌大学教授、总务长。临行时，农校师生和农场难民依依不舍，相送数里，沿途鞭炮声不绝。

这一时期，救国会领导多在重庆，路途遥远，来往不便，彭文应与救国会失去了联系。

反美反蒋　义无反顾

抗战胜利后，彭文应重返上海，经张澜和罗隆基介绍，加入中国民主同盟。由于他与救国会已失去联系有年，加上一些朋友对他有隔阂，彭文应再也没有参加救国会的活动。不过，1949年底，救国会宣告结束时，彭文应出席了救国会在上海举行的茶话会，并在会上发了言。五十年代，原救国会同仁曾想恢复救国会的组织，为此，王造时与彭文应交换过意见，王造时说："周总理既然说救国会可以恢复，你是救国会的老人，而且过去还是一个很重要的人，为什么不一起搞救国会呢?"对此，彭文应婉言谢绝："我现在在民盟工作，要我既搞民盟又搞救国会，两边工作，实在吃不消，再说，现在已经有八个民主党派了，再多搞一个救国会，没什么必要。"

加入民盟后，彭文应全力投入民盟领导与组织的反内战、反腐败的民主运动。

1946年2月10日，重庆各界人士集会较场口，庆祝政协会议成功，国民党特务大打出手，制造了震惊全国的"较场口血案"。十天后的一个夜晚，彭文应参加了民盟在上海愚园路749弄31号底楼客厅举行的茶话会。听完沈钧儒对"较场口血案"的介绍，他当即发言，愤怒谴责了国民党的法西斯暴行。就在这次会议上，彭文应被推选为民盟上海市支部筹备委员会委员。同年8月，民盟上海市支部正式成立,彭文应任市支部执行委员。

1947年10月27日,国民党当局公然宣布民盟为“非法团体”。11月5日,彭文应来到民盟主席张澜寓所永嘉路集益里8号。此时在沪民盟中常委决定民盟命运的会议已经结束,张澜心情沉重地对彭文应说:“民盟要解散了”。彭文应心如刀绞。当晚,民盟上海市支部各区分部负责人在彭文应家聚会,商讨上海民盟转入地下的问题。12月2日,民盟上海市地下支部正式成立,彭文应被任命为主任委员。

上海解放前夕,国民党上海警备区司令汤恩伯下达密令:“不择任何手段,立即逮捕史良、彭文应。”

彭文应东躲西藏,最后避进了江西同乡刘子纲开设的申江医院。

地处淮海路嵩山路交叉口的申江医院,常有民主人士的聚会。5月10日,应罗隆基要求,在沪民盟中常委和民盟上海市支部负责人决定当晚八点在申江医院聚会。下午3点,民盟直属情报站发出通知:会址已被特务发现,会议立即停止。彭文应没有离开。当晚9时,敌人包围了申江医院。在特务破门而入的瞬间,彭文应一跃而起,翻过天窗,消失在茫茫的夜色里……

在荣毅仁姐夫杨通谊的书房里,彭文应迎来了上海解放。

遭遇坎坷　赤心不改

从上海解放至1957年夏,在上海政坛,彭文应是活跃分子。他是民盟中央委员、上海民盟的副主任委员、华东军政委员会文教委员、市政协常委,他积极参加民盟、政协的各种会议和社会活动,对上海的建设和统一战线的发展，做过不少有益的工作，提出过许多建设性的意见。

1957 年，彭文应被打成右派，不仅自己遭受折磨，也给家人带来苦难。

自从他被划成右派，他的妻子一直为之担忧，就在张春桥那篇《质问彭文应》出现在报上那一天，他的妻子倒下了。妻子病危，亲属们从医院焦急地打电话找彭文应，可是正在批斗他的人竟拒绝让彭文应去见一见他病危中的妻子。就这样，虽然近在咫尺，彭文应却不能和他的结发妻子见上最后一面。

年仅四十四岁的妻子死后，给彭文应留下六个孩子，最大的十九岁，最小的只有八岁。

原来，作为上海市政协的专职常委，彭文应有不错的待遇，被撤职后，他的工资停发，子女都未成人，还要奉养老人，一家人的日子甚是难堪。他不得不从南昌路那所月租八十多元的洋房搬出，一家老小挤进重庆南路太仓坊那间不足十五平方米的房间里。

一位多次劝说彭文应认错无效的市委统战部的干部感叹地对他说：你们家的门槛都被我踏坏了，只要你承认下来，写几十个字，帽子可以摘掉，什么问题都可以解决了。

彭文应是这样回答的：我是你的朋友，你们把我当成敌人，我不是反党反社会主义的，我没有错。

那时，彭文应常在好友王造时面前谈及自己家庭经济极为困难的情况，王造时劝他，为了经济和家庭，先解决自己的政治问题。彭文应回答说：他的经济和家庭实在越来越来困难，特别是小孩，对家庭的前途很悲观，无法加以管教，但是，自己做人应该内外一致，心口如一，自己不能从个人的利害得失来对待政治上的是非问题，这是两个性质完全不同的问题。

1958 年下半年，彭文应同当年上海许多右派分子一样被集中到郊区劳动，但他却做了这样一个声明：我是来劳动锻炼的，不是作为右派来劳动改造的。在农村，他又迷上了发明，专心致志地研究如何改革农具。

1961 年底的一天，彭文应的长子在单位突然接到上海师院打来电话，说是弟弟彭志平重病，等他和父亲彭文应赶到学校，彭志平早已停止呼吸。原来，由于家庭不幸，次子彭志平自小精神上受到过很大的刺激，有一次在家吞下安眠药、碎玻璃、针等，被彭文应发现才抢救过来。这一次，他又吞服了大量的安眠药，直到第二天早晨，同学发现后才打电话告急。儿子只度过十九个春秋，这是彭文应最喜欢的一个儿子，他爱好文学、喜欢写作，成为父亲晚年的精神支柱。

失去爱子，彭文应一下子苍老了很多，心脏病也不时发作，但他对党的初衷不改，在 1962 年写出致党中央、毛主席的万言书，他吁请：建议在全国范围内结束反右斗争，摘去全部右派分子的帽子，团结起来，建设社会主义。

但是，在那个疯狂的年代，谁又能听得进这个大右派微息的声音呢！

死亡在召唤。

就在这一年 11 月初，彭文应病情转危，王造时闻讯赶来，送他到医院救治，好友刘海粟、夏伊乔夫妇也前来看望。刚刚出狱的孙大雨亲手烧了一茶缸栗子烧鸡送到医院，上海市委统战部和民盟市委也派人探望。这一切让彭文应深受感动，这个被斥为“顽固不化的右派分子”，在生命的最后时刻，再三要求子女向组织表示感谢,还说如果身体好转一定把自己的问题向组织上交代清楚。然而死神最终还是降临了。1962 年 12 月 15 日,在凛冽的寒风中,彭文应走了……

彭文应逝世后,王造时、刘海粟拟了一份出席追悼会名单,但追悼会没能开成。在万国殡仪馆,王造时领着彭文应的子女和亲戚向遗体告别。孙大雨一大早便悄悄地赶来,痛哭之后留给彭文应子女一只信封,里面装着 20 元人民币。十八年后,彭文应子女去看他,向他表示感谢,他摆了摆手说:“我和文应十几岁就是清华同学,一道革命,一道反对国民党,他对民主革命有功,以我和他的关系,送 20 元太少,应该送 200 元,可惜我没钱!”

晚年沙千里

建国后，沙千里为副部长、部长、全国政协副主席。1955年，沙千里脑部生了一个良性肿瘤，逐渐扩大，压迫视神经，头疼难忍，终于病倒了。鉴于当时医疗条件的限制，在周恩来的关怀下，他被送往苏联住院切除，病愈回国，曾在杭州等地疗养。据商业部原副部长周康民介绍，沙千里是一位勤勤恳恳工作的好干部，在他患病期间。还常常关心着商业部的工作。

1956年6月，沙千里在全国人大一届三次会议上发言，全面地分析了地方工业的情况和问题，指出：一、地方轻工业在我国整个轻工业产值中占的比重很大，约达76%，他和人民生活关系十分密切。二、地方轻工业取得了很大成就，但问题很多，有的还很严重。一般地存在着质量低，成本高的缺点。三、地方工业与商业之间的关系虽有改进，但问题不少，特别是基层企业单位争执很多。在全面总结工作经验的基础上，他谈了他个人的体会，说：“工商关系上问题十分复杂，影响面很大，应该迅速求得彻底解决。”如何解决呢？他认为“必须工商双方积极努力根据客观发展规律，从现状出发打破常规，研究一些从根本上解决问题的办法，例如可以考虑根据商品流转的自然规律和原来的产销关系，在统一平衡计划下，有领导地组织某些工厂和商店建立固定的买卖关系，这样既可以减少流转环节，使工厂能够及时了解消费者的要求，加强他们的责任心，也便于商店督促工厂改造花色品种，提高质量……”这种强调“根据客观发展规律”、“从现状出发打破常规”和“统一平衡”的建议，在当时的形势下，是难能可贵的。

1958 年，沙千里被任命为粮食部部长。当时正是“大跃进”的年代，许多人的“头脑发热”，他也难免说了一些过头的话。1962 年中共中央召开扩大的中央工作会议，认真地总结了“大跃进”的经验教训之后，党的“调整、巩固、充实、提高”八字方针得到全面贯彻。沙千里不仅严于责己，而且积极地贯彻八字方针。陈国栋回忆说：当时“他的党员身份还没有公开（沙千里是 1936 年加入中共的——编者注），但是他处处以党员干部的标准严格要求自己”，“对党很忠诚，对党的方针政策认真贯彻执行”。

1965 年，沙千里要求参加“四清”，不久就与许涤新等一起到汉口参加一个搪瓷厂的“四清”工作队。开始没有公开身份，可是很快被群众认出，因此当了工作队的顾问，回京时文化大革命已经开始了。陈国栋回忆说：“‘文革’开始后，我去看过他，他对‘文革’也是很不理解，看到我们都靠边了，他十分担忧。”

李函回忆说：“1967 年春末夏初，我找到东四六条沙家的四合院，老人家正好不在。等了一会儿，他慢慢踱步回家，说是上街看大字报了。其时正处于‘文化大革命’高潮，舅舅没有直接对‘文革’发表任何意见。他对我说：‘现在都是“小将”的市面。我从小身体不好，如今能活到 66 岁，已经喜出望外了。’他对我谈及他的一些老朋友，他说叶圣陶与他住得很近（在东四八条），叶先生没有车子，有时一起在外面开会，返回时便搭乘他的车。说起谢冰心，他说冰心的丈夫曾被打成右派，冰心同他丈夫一起吃了不少苦。还指指挂在他书房墙上胡愈之的照片，忆及他年轻时与胡愈之一起写文章的一些往事。”

沙千里是一位受人尊敬的国家高级领导干部，他对待革命工作认真负责，在平时生活中，也堪称表率。他对母亲十分尊敬，他母亲1959年病故，享年九十岁。他对夫人黄国林感情甚笃，相敬如宾，几十年如一日，对子女既喜爱，又严格要求。他儿子沙人文回忆说:“父亲对我们孩子十分严格，解放不久就把我们送到住宿学校生活、学习，不许我们依赖家庭，鼓励我们上进，学好本领为社会服务。他从不让我们有什么特殊，每周回家他从不动用汽车到学校接我，同样去学校也不让用车送。在学校里他要我与同学们一样吃食堂，不许从家里带吃的东西。”大女儿沙人玉，二女儿沙人珏，1942年托人带到重庆读书，解放后都服从组织分配，一个到东北工作，一个到福建工作，小女儿沙人琪说:父亲常常谆谆教导我们子女认真读书，求上进，努力为党为革命工作，争取自己光荣。沙千里的亲友也怀着十分尊敬的心情称赞他，说他“待人和气可亲，对夫人十分诚笃，对母亲更加孝顺。”艾中全说沙千里“生活俭朴，澹泊自甘。”沙千里的电视机是经常出故障的九英寸的黑白电视机。1980年初，艾中全在香港与谢筱迺谈起沙公的俭朴生活时，谢说沙公的港友很多，要个彩电很容易，要艾中全写信给沙公，可以帮他带回去，结果沙千里很快回信说:“大驾在港一月余，见闻一定很多，回来有空谈谈‘山海经’，一定会令人发生兴趣，承你和谢老的关怀，只是搜索枯肠，也找不到这样的亲友，只好任便他去了。”艾中全说:“其实这是千里同志的‘苟非我之所有，虽一毫而莫取'的君子之风。"许德良、李伯龙是沙千里1928年组织《青年之友》社时的老朋友。1973年他们俩回到北京,沙千里热情招待,多方照顾,亲似手足。四十年代在重庆,后来又在上海与沙千里一起办"平正律师事务所"的林亨元,更是热心称赞,说沙千里对敌斗争很勇敢,如"七君子"事件,又是善于斗争的人,他是地下党员,长期斗争在国统区,第三是懂法律、经济的专家。

沙千里的晚年,身患重疾,但他还着手写了不少关于救国会的文章,深情地回忆那一段令他难以忘怀的经历和故去的战友,他认为写下这些回忆录,是一件很有意义的事,是自己的义务和责任。他一边查阅当年的资料,一边着手写作。当回忆录在朋友们帮助下完成初稿后,他让人打成油印稿,分送给健在的救国会老友,征求他们的意见。直到书出版后,他还谦逊地写到:"由于时间已过很久了,老年人记性也不好了,许多事情都记得不清楚甚至忘却了,很多材料未能收集到,身体多病也不能多拜访救国会的老同志,因此本文一定有不周全和不准确之处,殷切希望救国会的同志和对救国会研究有素的同志予以补充和订正。"

一天,沙千里忽然记起自己的老师沈钧儒去世后,沈老的女儿把一只老人生前十分喜欢的景泰蓝花瓶赠给了他,以资永久的纪念。此时沙千里想到,应该把花瓶送回沈老的家属,于是不顾秘书的劝阻,抱着花瓶赶到沈家,把花瓶还给了沈钧儒的家属。"我是带不走的,身后也不知孩子喜欢不,如果他们不喜欢,放在我那里兴许会弄丢了,不如你们子女保管来得妥帖。我也了了一桩心事。否则,一直睡不安稳。"

"沙叔,你就留着吧。何必亲自送来。""一定要亲自送来的,一来看看你们,二来做完了这桩事。"

终于，沈老家属同意收下花瓶，沙千里放了心，在秘书的搀扶下，离开了沈家，走出门，还一再叮嘱说："你们一定要好好保管，这是沈老生前十分喜欢的，是件文物。"

沙千里的许多时间，都在回忆：回忆过去，回忆昔日的战友、朋友。

沙千里并没有完全沉湎在历史中，对十一届三中全会后的新局面他十分关心。作为上海选出的人大代表，他更关心上海的工农业生产、市场供应、对外贸易。晚年，他重疾缠身，长卧病榻。一次，上海去了一个老熟人探望他，他一定要来人介绍上海的情况："我是上海人民选出的人大代表，凡是关于上海的事，都要告诉我。"来人见他吸着氧气，眼睛看不清楚，听话很吃力，实在不忍心打扰他，可他执意要来人讲，来人只有从命。他一边听着，一边不断地插话、询问。两个小时过去了，医生护士几次过来说："沙老，你要注意身体。"他摆摆手，让来人继续说下去。直到医生再次检查他的脉搏，警告来人，"沙老太兴奋，不能再讲了"，沙千里才让来人作罢。

1982 年 4 月 26 日，沙千里因病医治无效逝世，终年八十一岁。对于他的死，李函是这样说的："进入八十年代，舅父年事已高，身体虚弱多病，但他心里老是惦记着工作，秘书怕他体力不支，一般给他寄来的会议通知，都注意将之扣下，以便使他免于劳顿。但是，1982 年春，有一次，秘书不在，一张开会的通知到了舅舅的手中。他当时身体不很好，舅母嘱他不要去参加，他执意不肯，结果受了风寒，终于一病不起。"

从童第周的选择说起

早在1951年,童第周就是山东大学第一副校长。1958年,他当选民盟中央常委。1964年,他当选全国人大常委。1977年,他担任中国科学院副院长。1978年,他当选全国政协副主席。可如今,提到这个名字,我们想起的是他给青蛙卵剥膜的故事,和他培育的童鱼。在人们眼里,童先生是生物学家。

作为一个在民盟机关工作的上海盟员,让我高兴的是,童先生对生物学的选择发生在复旦大学。

最初,童先生在复旦选择的是哲学。一个偶然的因素,让他走上了生物学之路。但这条路,他走得并不平坦。1927年的那个春天,刚刚从复旦毕业的童第周经人介绍,先后任中尉军官和建设科长,以他的才华,在仕途上走下去,不说平步青云,就是按部就班,弄个县长、厅长,大概不是什么难事。可童先生说:“这不是我待的地方。”他重返校园,走上了教书、研究之路。

在童先生不凡的经历中,我汲取了几个闪光点。

1948年春,应美国洛克菲勒基金会的邀请,童先生漂洋过海,先后在耶鲁大学、林穴海洋生物研究所和伍茨霍尔研究所工作并任研究员。那一年，他当选中央研究院院士，还被英国剑桥大学聘为客座教授，可谓春风得意。按说他应该在美利坚或英格兰住洋楼，开豪车，挣大把大把的美钞、英镑。可新中国喷薄欲出的红日，点燃了童先生心头的爱国烈焰。于是，他选择了归国。什么是爱国，在童先生身上我们找到了答案。

对童先生来说，1956 年是不平凡的一年。这一年，他从高校调到中国科学院，并主持了由中科院、高教部联合在青岛召开的遗传学座谈会。童先生虽没有师从摩尔根，但一生以摩尔根学派的思想为指导，对摩尔根学派做出了重要补充和发展。在这个座谈会上，童先生作为主持人是如何看待摩尔根学说呢？首先他对建国初“对摩尔根学说只有批评没有研究”，提出质疑，认为“不合百家争鸣的精神的”。然后，他对摩尔根学派过于“强调细胞核的作用，忽视了细胞质”的不足，进行了批评。用怎样的辩证的态度看待自己从事的科研，童先生为我们作出了榜样。

童先生是 1979 年 3 月 30 日离开我们的。那年 1 月，他因心脏病发作，住院治疗。在告别人世的最后时间里，他先与美国洛克菲勒基金会资助筹建中科院发育生物学研究所多次商谈。3 月 1 日，又赶赴上海，与上海师范学院生物系教师座谈。3 月 6 日上午，他应恩师蔡堡之邀，为来自科技、教育、卫生界的二千多位浙江同志做“如何加速科技事业发展”的报告。正当他兴致勃勃地描绘如何用生物技术造福人类的美好前景时，突然倒下……他用自己的生命诠释了什么是鞠躬尽瘁。

说到童先生和上海的缘分，有两个人不能不提，一个是华岗，一个是罗竹风。

早在 1943 年 10 月，华岗受中共南方局委托，带着周恩来的一封亲笔信找到了民盟第一个地方组织昆明支部组织委员周新民。周恩来在信中说，闻一多这样的知识分子正在黑暗中寻找出路，要帮助他们。华岗当时化名林石父。据费孝通回忆："吴晗同志有一次很郑重地把一个名字交给我，要我把他安置在云大社会学系。我明白这位先生一定有来路，但是我问也不问，就照办了。"费老讲的"这位先生"，就是化名"林石父"的华岗。不久，华岗便与周新民一起组织了"西南文化研究会"，邀集罗隆基、潘光旦、楚图南、吴晗、闻一多、费孝通、曾昭抡、闻家驷、李文宜等人参加。可以说，闻先生成为"民主斗士"，和华岗的影响是分不开的。1946 年 5 月，华岗来到上海。那时他是中共上海工作委员会书记。是年 6 月，他在一次会议上提出，由上海民主人士组成请愿团赴南京进行和平请愿。6 月 23 日，以马叙伦为首的"上海人民和平请愿团"赴南京请愿，在下关车站遭国民党暴徒殴打。当周恩来去医院看望身受重伤的马叙伦时，马先生说："你们一颗子弹也不能减。"五十年代初，时任山东大学校长的华岗力邀童第周担任第一副校长，在工作中他们携手合作，结下了深厚的友情。罗竹风是当时的军代表，在处理复杂的人事纠纷时，童第周对他直言不讳："你们到山大以后，没有访问过我们，你们应该了解了解情况。"童先生的直率没有让罗竹风下不了台，他当场表态："童先生说得好，我们应该听听你们的意见。"这个罗竹风后来被调任上海，是上海社会科学联合会的主席。在筹建社联的过程中，他对上海民盟组织的创始人沈志远印象深刻。1980 年 5 月，他在《社会科学》杂志上发表文章，对沈志远 1957 年被打成右派表示不解，对沈志远为马克思主义在中国的传播作出贡献给予了高度评价。

今天，当我们缅怀民盟先贤童第周时，不能不对华岗、罗竹风这样的共产党人表示敬意。

寒冬里的温暖回忆

1月22日清晨，当我离开家门，前往机关的那一刻，多年关心指导过我的翁曙冠先生走了……

二十九年前的1月7日，我走进了民盟市委机关的大门。那个时候在我眼里，民盟市委所在的荣家老宅是个天堂。精致的洋房，彩色的玻璃，柚木的地板，名人的字画。这一切，让我这个初出茅庐的青年有一种腾云驾雾的感觉。但很快，这种感觉烟消云散。日复一日的单调工作，错综复杂的人事关系，让我不知所措。回想起来，翁老惊若仙人的面容和如沐春风的慈祥是那个寒冷冬季里让我心暖的亮点。

至今，我还记得1988年上海的甲肝风潮，我是不幸中弹者。在我卧床休息之际，翁老来了，一脸慈祥坐在我的面前，嘘寒问暖。那时我不过是个刚到而立之年的小科员，翁老年近七旬，又是民盟中央常委、民盟市委副主委兼秘书长。对我来说，1989年是难忘的一年。那一年，民盟市委为陈仁炳先生举办八十寿辰座谈会。我第一次给出席会议的民盟中央副主席叶笃义，中共上海市委统战部副部长茅志琼撰写讲话稿。那段日子，我和翁老多次接触，他既严谨又亲切的工作作风给我留下了挥之不去的深刻印象。

1992年5月21日,翁老把我叫进了他的办公室,要我为他写一篇出席黄炎培故居开放仪式的讲话稿。这是我第一次为翁老写稿,我花了点功夫,把黄炎培当年的开发东方大港和建设浦东的言行写进稿子。第二天,我把讲话稿放在翁老的办公桌上。不一会儿,翁老径直走进宣传部,站在我的面前,双手作揖,说:"海波,谢谢你。谢谢,谢谢!"二十多年过去了,翁老作揖道谢的情景,仍然历历在目。

多年来,不时有人对我从事民盟历史研究提出异议,甚至指着我的鼻子说:"你怎么老是研究死人?!"在我处境艰难的时候,翁老关心着我。2004年6月10日,我接到翁老打来的电话,说《上海盟讯》第三版署名"时鸣"的文章写得好,有考证、有见解。当我告之"时鸣"是我的笔名时,翁老高兴地说:"好,好!什么硕士、博士,边干边学,坚持下去,你就是专家。"2005年夏,我把多年来撰写的文章汇集成册,出了一本《追根寻源话民盟》。9月2日,翁老来民盟市委,特地来看我,语重心长地说:"你的书我看了。你把工作当成了事业,这是一种境界。"2006年是民盟上海市组织成立六十周年,领导决定出版书籍和画册。那一年,是我最难熬的一年:父亲卧病在床,母亲身患绝症,女儿参加高考。为了准时完成书籍画册编纂任务,我加班加点,甚至夜宿办公室。6月底的一天,当我拖着疲惫的脚步回到家中,突然接到翁老打来的电话:"海波,你的孩子考得怎么样呀?"瞬间,泪水夺眶而出……

1月26日下午,我和伟国搭乘鸣放的车前往龙华,和翁老告别。平时拥堵的道路出奇的畅通。望着翁老消瘦的面容,心中涌动着痛楚。翁老走了,但他如沐春风的待人之道,永远印刻在我们的心里。但愿，这如沐春风，成为一种常态，温暖每一个盟务工作者的心。行文至此，突然有了一种冲动。于是作诗一首，以致纪念：“海棠花红松柏青，荣宅庭草年年绿。如沐春风音容在，仙人已驾白鹤去。”

故事篇

中间派初步合作　梁漱溟巧答过关

要知道民盟是怎样诞生的，你得先知道一个叫做统一建国同志会的组织，用这个组织创始人梁漱溟先生的话来说："同盟（即民盟）之前身为统一建国同志会，同盟实即由同志会改组而来也。"

那么，这个统一建国同志会是什么时候成立的，又有哪些成员呢？

说来话长。

1939 年 1 月，国民党在重庆召开五届五中全会，制定了"防共、限共、反共、溶共"的政策，紧接着又是颁布了《限制异党活动办法》、《共党问题处置办法》。一时间，山城上空乌云翻滚，重庆城内令人窒息。

这年 9 月 5 日，国民参政会（抗战开始后设立的国家最高咨询机构）一届四次会议在重庆大学召开了。重庆大学地处市郊，交通不便，许多参政员搬进了学校宿舍，饭后茶余，他们谈话的主题便是国内政治，对国民党限制异党的政策极为不满。9 月 15 日晚，一场"火拼似的舌战"终于爆发了。事后，亲历会议的邹韬奋对此有过一段十分精彩的描述（他戏谑地将国民党参政员称作"陪客"，非国民党参政员称作“来宾”——）：

> 这夜的辩论，在“来宾”和“陪客”之间显然分成两个阵营。你起我立，火拼似的舌战，没有一分一秒钟的停止，一直开到深夜3点钟模样，那热烈的情况虽不敢说是绝后，恐怕总算是空前的，尖锐达到最高峰的辩论，当然要推“结束党制”这一点了，“来宾”们一致认为有此必要，一定要把这几个字加入决议案，“陪客”却又一致发挥起“不必要论”，一定不要把这几个字加入到决议案，罗隆基和李璜两先生发言最多、最激昂，老将徐傅霖也挺身而出，大呼“一党专政不取消，一切都是空谈！”当时的空气已紧张到一百二十分。唇枪舌战，各显身手，好像刀光闪烁，电掣雷鸣。我在上面说过，保留对这个提案表决权的第三审查会添了不少临时“转移阵地”的“陪客”，如此表决，“陪客”是占绝对多数的，所以当“陪客”有恃无恐，大呼“付表决！付表决！”主席势将表决，大将李璜跳脚突立，大喊“‘表决’是你们的事，毫不相干，敝党（青年党）要找贵党领袖说话！”于是不敢付表决。

黄炎培是当晚会议的主席，表面上不得不扮演调解者的角色，满头大汗地斡旋着。凌晨三点，黄炎培宣布将当晚的各种意见记录在案，汇交次日开会时再“慎重考虑”，遂以缓兵之计结束了这场火拼七八个小时的舌战。

梁漱溟没有参加这次会议，这年2月，梁先生带着几个学生到华北、华中各战区去视察，回到四川，已是10月上旬，他和黄炎培、李璜、晏阳初等人多次聚会，介绍前方战局，说到国共军事摩擦，梁先生十分激动:"这个问题若不解决,近则妨碍抗战,远则重演内战,非想办法不可!"此时,凉风习习,秋意正浓,梁先生的额头却渗出了豆大的汗珠。他挥手道:"要解决国共摩擦,咱们这些第三方面的人责无旁贷。可咱们现在零零散散,谁也用不上力,所以咱们必须联合起来,共同努力,这是当前第一要事。"一席话,说得在场的黄炎培、晏阳初、李璜等人点头频频。

1939年11月23日,重庆青年会餐厅热闹异常:青年党的曾琦、左舜生、李璜,国家社会党的罗隆基(后退出该党)、罗文干、胡石青,中华民族解放行动委员会(后改称工农民主党)的章伯钧、丘哲,救国会的沈钧儒、邹韬奋、张申府、章乃器,中华职业教育社的黄炎培、江问渔、冷御秋,乡村建设会的梁漱溟等,以及无党派的张澜、光升纷纷来此聚会,通过了《统一建国同志会信约》和《统一建国会同志会的简章》,推举黄炎培、左舜生、梁漱溟、章伯钧等人为常务干事,黄炎培为主席。

当时,要成立这样一个政治团体,蒋介石不点头是不行的,可谁又愿意开这个口呢?大伙儿一合计:让黄炎培、梁漱溟去,在老蒋眼里,这两位称得上不偏不倚,是中间派的中间了。

几天后蒋介石托人传话,让黄炎培、梁漱溟来见我吧。此时,黄炎培去了泸州。梁漱溟独自前往,与老蒋一见面,便侃侃而谈:"蒋先生屡次要我们说公道话,而不知我们说话甚难。我们说一句话批评到政府,则被人指为接近共产党或站在某一边了。我们说一句话指摘到共产党,又被人指为接近政府,或为国民党利用,仿佛我们就没有我们的立场,只能以人家的立场为立场,这是非常痛苦的。这样将全国人民逼成两面相对,于大局不好。于大局不利的,即于政府不利,我们联合起来,就是在形成第三者立场,我公即以说公道话相期勉，先要给我们说公道的地位，那就是许可我们有这么一个联合组织。”

蒋介石面无表情，见梁先生说完了开口道：“你们这个组织参加的有哪些人呢?”梁漱溟如实道来，说到救国会的沈钧儒、邹韬奋，老蒋插话了：“这两个人恐怕和你们不一致吧?”梁漱溟赶紧打圆场：“与其让他们在外面，还不如约在里面。”蒋介石瞥了梁一眼，点点头。

就这样，一个叫做统一建国同志会的组织在重庆诞生了。

四人邂逅　共商建盟

1940年12月24日，山城重庆寒风凛冽。

和往常一样，黄炎培起得很早。漱洗完毕，吃罢早饭，他随手翻开当天的报纸，一条消息跳入眼帘——"新一届国民参政员名单揭晓"，名额扩充了不少，却不见章伯钧、张申府、章乃器、杜重远诸君的大名。黄炎培双眉紧蹙，丢下报纸，推开房门，他步履匆匆来到重庆新村4号张君劢的住处，刚说几句话，梁漱溟、左舜生亦不约而同地来了。四人相聚，同声致慨：蒋介石真是没出息到家了！本来这国民参政会就形同虚设，可罗设若干中间派人士尚能为国民党政府装点门面，现在倒好，把原本就不多的中间人士又减少了，反将扩充的名额一股脑儿都给了国民党的那帮庸人，让他们硬挤进来吃闲饭，这算什么？说着说着，黄炎培倏地站立起来，一改往日的平和，语调激动地说：我们这些中间方面的人士必须要有自己明确的立场和主张，不应当自己瞧不起自己，而应当自觉地担负起自己的责任来。这番话一扫客厅内的郁闷之气，在相互勉励的气氛中，张君劢说话了："咱们一年前成立了一个统一建国同志会，但组织松散，各自一摊，如此这般，这怎么成得了气候？如今我们得更进一步，把国共两党之内的各党各派都联合起来，成立一个新的政党，那我们就真的有力量了。”他沉吟片刻，接着说：“我看，咱们是不是这么办：先在重庆秘密筹建，再去香港办一张报纸，然后再以独立的姿态对外公开，政府那边嘛就不必先征求他们意见了。”一席话说得黄炎培、梁漱溟、左舜生连连点头。

那一天，“四人自晨至暮，讨论整日，多所决定。”分手时，天色已黑。黄炎培对送他们到门口的张君劢说了一句颇有深意的风趣话：“君劢兄，在蒋介石的眼中，你是刚刚改编的土匪，我呢，就是那即将叛变的保安队！”一旁的梁漱溟、左舜听了会意地哈哈大笑。

次日，黄炎培、梁漱溟、张君劢、左舜生在重庆新村 4 号继续会商。

12 月 27 日，黄炎培又约来了中华职教社的冷御秋、江问渔两先生，在重庆新村 4 号与张君劢、梁漱溟继续商议。梁漱溟拿出前两天的谈话记录，给大伙审阅，在众人认可后，他们给这个新的政党取了个名字——中国民主政团同盟。

在寒冷的冬天，一颗萌芽顽强地生长着，来年春天，它将顶开头上的沉重石块，破土而出……

皖南事变风云起　山城建盟步骤急

就在黄炎培等人酝酿筹建民盟之际，震惊中外的皖南事变发生。

1941 年 1 月 15 日，周恩来致电毛泽东并中共中央书记处：当前各小党派想成立一民主联盟，以求自保和发展，我们力促其成，条件为真正中立，不要偏向国民党。

周恩来在电报中说的“民主联盟”，就是民主同盟。

在调解国共之争的过程中，黄炎培等人加快了筹建民盟的步伐。

2 月 25 日，黄炎培、梁漱溟、左舜生、张君劢、张澜、罗隆基、李璜、江问渔、冷御秋、罗文干等在重庆新村 4 号集会，商讨组建民盟的具体办法。3 月 12 日，他们又聚会张君劢家，公推黄炎培为民盟主席。次日，通过民盟政纲 12 条，并决定 3 月 17 日再度聚会，在政纲上各自亲笔签名。不料黄炎培突然通知改聚会为 3 月 18 日，并在会上提出 12 条政纲须分先后发表，“结束党治”和“不得以国库收入支付党费”应暂时保留不公开发表。江问渔接着黄炎培的话说：“这样的条文一旦发表，不啻与当局决裂，这会给我们的职教社事业的发展带来严重阻碍,我们不能使学生失学,工人失业。”黄炎培、江问渔的这番话引起了梁漱溟的不满:“既然如此,你们为什么不早说呢?”李璜也表示:“江先生说的包袱人人皆有。想要顾全自己的包袱,就没有必要去搞什么政治运动;想要从事政治运动,就不能顾全包袱。”见众说纷纭,黄炎培赶紧解释道:“对这十二条政纲我和江先生并非是忽生异议,只是觉得马上发表恐怕不妥。我看这样吧,咱们先发表对政局的主张,至于十二条政纲先放一放,等时局成熟了再公布。”

1941年3月19日下午4时,重庆上清寺特园达观楼客厅高朋满座:职业教育社的黄炎培、江问渔、冷御秋,乡村建设会的梁漱溟,青年党的左舜生、李璜、林可玑、杨赓陶,民社党的张君劢、罗隆基(蒋匀田代),解放行动委员会的章伯钧、丘哲以及社会贤达张澜。他们聚会通过了《中国民主政团同盟政纲》、《敬告政府和国人》、《中国民主政团同盟简章》,确认参加会议的十三人为中央执行委员。推荐黄炎培、左舜生、张君劢、梁漱溟、章伯钧为中央常务委员,黄炎培为中常委主席,左舜生为总书记。

一个新的政党——中国民主政团同盟诞生了。

民盟办报　中共支助

中国民主政团同盟是在秘密状况下酝酿成立的，可国民党特务的嗅觉很灵。1941 年 3 月 21 日晚，蒋介石在餐桌上大发雷霆，把四川省政府主席张群骂了个狗血喷头。次日上午，张群驱车直奔张君劢的住处。恰巧，张君劢外出未归，于是他的兄弟张公权便成了张群宣泄的对象："君劢怎么回事，把我给卖了？他们在特园开会，成立一个什么政团同盟，还通过 12 条政纲，这么大的事也不事先和我说一声！"张公权赶紧赔不是："我这老兄您又不是不知道，书呆子一个，还请您多多包涵！"张群前脚刚走，张君劢后脚就到，张公权把刚才的事一说，张君劢的脸刷一下子白了，赶紧找黄炎培、梁漱溟商量对策。还是黄炎培有办法："就说我们这个政团同盟是前年成立的统一建国同志会"。"那 12 条政纲呢？"梁漱溟接口说："就说是统一建国同志会信约，正好 12 条。""那 19 号在特园开的那个会呢？""就说统一建国同志会的聚会，成立这么久了，活动不多，影响也不大，所以请大家来商量商量。"经过这番商议，黄炎培去找张群，如此这般地说了一通，张群似信非信，好在蒋介石也没追问，这事就被搪塞过去了。

3月26日，黄炎培、左舜生、张君劢、章伯钧聚会，决定让梁漱溟赶快动身，去香港办报，等报上公开了民盟成立的消息，蒋介石想让民盟夭折也难了。两天后梁漱溟来到曾家岩中共办事处，和周恩来谈了去香港办报的打算，周恩来说："梁先生，到香港如有困难，可去找我们的代表，他叫廖承志，是廖仲恺先生的公子。"

经过一番周折，梁漱溟到香港已是5月20日了，他先是住在李济深长子李沛文家中，后住作家许地山寓所。不久，许先生病故，梁漱溟只得另找住处。几经周折，梁先生终于为报社租得一座楼房中的一个层面，自个儿住的那间屋子，小得只能放下一张办公桌和一张折叠床。经人介绍，总编辑有了，就是1920年以上海《时事新报》、北京《晨报》特派记者的身份，与瞿秋白同去莫斯科采访的俞颂华；经理就是三十年代闻名上海的《立报》副刊"小茶馆"主编萨空了。萨空了原来打算去新加坡找胡愈之办新闻社的，买好了船票刚要动身，让邹韬奋、廖承志拦下来了，一番劝说，萨先生便成了民盟报刊的经理。报名呢？范长江当时在香港，是《华商报》的负责人。他和梁先生说，知道《国家社会报》吗？那是张君劢的国社党办的，可报贩子卖报时不叫它，为什么呢？一来不易上口，二来叫出来也不响亮。范长江和梁先生一合计，民盟这张报的名字诞生了——《光明报》。

房子有了，名字有了，人也有了，可报纸迟迟出不来。怎么回事？缺钱呗！来港前，黄炎培、左舜生、张君劢、章伯钧各出1万元，梁漱溟出了6万元，后来刘文辉、龙云又赞助了几万元。可办报之初，用钱的地方多，注册要交押金，请律师要钱，还要付纸张印刷等费用，范长江知道了，对梁先生说：有了南洋侨领愿意资助你们，只要写个收据就行了。什么"南洋侨领"，梁先生心里明白，就是中共嘛。于是梁漱溟让人写了一张收据，随后他就收到这位“南洋侨领”捐赠的四千元港币。

1941年9月18日《光明报》在香港正式出版。10月10日，《光明报》发表“启事”，宣布中国民主政团同盟已在重庆成立，还发表了《中国民主政团同盟对时局主张纲领》和《中国民主政团同盟成立宣言》。一时间，民盟成为香港新闻的热点话题。

黄炎培讲故事

民盟成立的消息一公开，国民党就召开了特别会议。会议一结束，国民党中央宣传部立即下令各级报刊一律不准发表有关民盟的一切消息。蒋介石还专门派张群、王世杰去劝说左舜生、张君劢，碰钉子后，老蒋又亲自出马，约左舜生长谈，要他“将同盟组织中途打消”，左舜生以民盟已在香港公开，“势难中途改变”为由拒绝了。但他深知老蒋的厉害，突然宣布自己戒烟了。记者们问他个中原因，左舜生笑着说：“监狱里是不准吸烟的。”

如果说重庆是“山雨欲来风满楼”，那么香港便是“黑云压城欲摧了”。

正在香港逍遥的孙科大放厥词：“三个星期前，香港某报，发表所谓中国民主政团同盟之启事，自称在渝成立，已由国民党中央社重庆来电加以否认，谓绝无所闻。此种诡谲组织，既不知参加者为何种团体，又不知负责人为何许人物，买空卖空、鬼鬼祟祟的举动，太不光明，本不值吾人重视，唯此事重庆无所闻，仅在香港秘密活动，不妨借此机会，拆穿此种骗局之内幕。”

大伙知道，民盟成立的启事是 10 月 10 日在光明报上发表的，由于黄炎培不同意以个人或中华职教社的名义署名，青年党首领曾琦即提出只发启事不署名。孙科抓住这一点大做文章。梁漱溟心急如焚，将此事急电重庆。左舜生、张君劢与张澜、李璜、罗隆基等紧急商议，决定在重庆公开民盟组织。

11 月 16 日，重庆临江路俄国餐厅高朋满座，热闹异常，中共方面的周恩来、董必武、邓颖超，国民党方面的张群、王世杰、邵力子，救国会代表沈钧儒、陶行知、张申府，以及民盟中常委左舜生、张君劢、黄炎培、章伯钧、张澜、罗隆基、李璜等纷纷来此集会。会议的主持人是左舜生，他介绍了民盟成立的经过以及宗旨，申明说："本同盟所主张均系十余年来大家所主张之老调，并非离奇可怪之论，至其内容均可公开，无何种秘密。"听话听声，锣鼓听音，在座的人都明白，左先生的话是冲孙科去的。周恩来、张申府先后发言，表示"赞成同盟的主张"，"愿其早日实现"。出乎意料的是黄炎培，他站起来没头没脑地讲了一个故事："从前在上海，我看到马路上有两个拎着篮子卖油条的小贩，他们一边走一边喊：'卖油条呀，卖油条呀！'后面那一个跟着喊：'我也是的，我也是的！'"说到这里，他戛然而止，默然坐下。有人没听懂可也有人听懂了：黄炎培是在说"他们是民盟盟员，我也是"。

当天，黄炎培"卖油条"的故事传遍了重庆。

摆姿态老蒋假行宪政　动真格民盟掀起高潮

说来奇怪，向来对宪政感冒的国民党突然在1943年9月6日五届十一中全会上通过决议："国民政府应于战争结束一年内即召开国民大会，颁布宪法，实施宪政。"

消息一出，人们议论纷纷。

原来美国总统罗斯福发话了：中国应该尽快实行宪政，国民党应与国内其他党派处于同等地位。

9月18日，蒋介石在国民参政会三届三次会议上表示希望国民参政会注重宪政的实施。即日，张澜发表了《中国需要真正的民主政治》，掷地有声地说：国民党只有彻底放弃一党专政，人民才会相信你，"确实有诚意"实施宪政。否则你老蒋做出的许诺只能是画饼充饥！这样的书，能不让老蒋生气？一声令下——禁了！但此书不胫而走，在重庆、成都、昆明、广州、延安等几十个城市被人们广为传阅，延安《解放日报》对此作了专题报道。

既然作了许诺，总得装点门面吧。10月初，蒋介石在国防最高委员会下设立一个宪政实施协进会，自任会长，还将黄炎培、左舜生、张君劢等拉进会中，规定只许按"三民主义"的原则讨论"五五宪章”。但老蒋的一厢情愿，旋即被民主宪政的风暴冲得七零八落。

11月1日，张澜在成都记者联谊会上发表演讲，对蒋介石的独裁专制进行了猛烈抨击，现场的特务如坐针毡。他们在记录中这样写道：张澜言词颇为激昂，攻击本党最烈，谓蒋主席受现党人包围，毫无主张，善良民意，均被抹杀，对本党之主持政权，拟定宪草之不民主作风，表示愤激，“如需牺牲一部分人”他“愿为最先牺牲之一人。”

1944年1月至5月，黄炎培、沈钧儒等在重庆召开宪政座谈会，要求“主权在民”，保障人民一切权利。5月29日，黄炎培在复旦大学发表演讲：“要民主，我们自己不动，休想别人把礼物送上门，要成功，一定要我们‘求’的有力。要成功得快，一定要求得热烈。要想彻底成功，也得拼命地求，而且必须成为一个大的运动。”6月20日，由张澜、李璜等人在成都发起的民主宪政促进会对国事提出十项主张，要求国民党“切实实施训政时期的约法，”“尊重人民的言论之自由”、“身体之自由，”“给予各级民意机构以必要之权力，”“刷新政治”，“切实改革征兵、征实、征税之弊端”，“实施全民总动员，武装人民，以保卫国家复兴之基地。”9月1日，黄炎培、江问渔等30人发表《民主与胜利献言》，要求国民党“与民更新”，“一新政象”，以期“迎最后胜利”。与此相呼应，在昆明，闻一多、李公朴创办了《自由评论》，喊出了“我们要什么？第一是自由，第二是自由，第三仍是自由！”闻一多还大声疾呼：青年们，你们应该闹起来，“打破可怕的冷静”，我们能使自己一手所造的神圣抗战失败吗？不！绝对不能！我们应该再现再来一次“闹”！

这一“闹”闹出个被人们称之为第二次民主宪政的运动。

参政会中共号召建立联合政府
华西坝张澜高呼结束一党专制

1944年，就在世界反法西斯战场捷报频传之际，国民党军队却在豫、湘、桂战场上丢盔弃甲，溃不成军，损失兵力五六十万，丧失城池一百四十六个，二十万平方公里国土，六千万平民百姓惨遭蹂躏。一时间，举国上下，千夫所指，众口所向，一致痛斥国民党独裁专制，强烈要求改组政府，实施民主。8月17日，毛泽东在董必武自重庆发来的请求在即将召开的国民参政会议上如何对待增补参政员的电报上批示："应与张(澜)、左(舜生)商各党派联合政府。"9月15日，鹤发如雪的林伯渠，从容不迫地走上国民参政会主席台，当他说到"希望国民党立即结束一党统治的局面，由国民政府召开各党各派、各抗日部队、各地方政府、各人民团体的代表，开国是会议，组织各抗日党派联合政府"时，鸦雀无声的会议顿时掌声四起。尽管国民党中央社在当日的报道中删去了"结束一党统治，组织联合政府"的内容，但林伯渠的这个讲话犹如一声春雷，引发了千山万峰的回应。

9月24日，重庆各界五百余人集会，张澜慷慨陈词："民国已经三十三年了，我国还是有名无实”，“如今政治、军事、经济各部门，都陷于十分困难之中，非实行民主，唤起民众，团结官民，修明内政，不足以挽救危亡。”会场气氛激昂，一青年大声疾呼，跪地磕头。董必武痛哭：“政府要我们做的，我们都做到了，我们要政府做的，何以至今没有做到！”9 月 29 日，张澜发表讲话：“余个人认为各党各派与无党派组织政府，成立联合政府，实为今日解决国是，挽救危亡所必需。故中国民主同盟亦主张联合政权。”10 月 7 日，燕京大学、四川大学、金陵大学、华西大学、齐鲁大学的十二个团体在成都华西坝集会，张澜在会上对国民党当局进行了直接、无畏的攻击：“民主政治就是要当权者放弃党治，国家的事，要以真正大多数的民意为依归，民主政治的开步走，就是联合政府。至于联合政府的内容、性质，你们知识分子就起来喊！喊！喊！那么它的内容就有了。蒋介石的耳目被蒙蔽着，下情不能上达，希望大家多说多吼，多吼才能打破包围。”最后他振臂高呼：“结束一党专政，组织联合政府！”

面对风起云涌的民主潮流，蒋介石愁眉不展，经过一番苦思冥想，他打出了实施宪政这张牌。

1945 年元旦，蒋介石发展文告说：“我准备建议中央，一俟我们军事形势稳定……就要及时召开国民大会，颁布宪法。”1 月 15 日，民盟针对老蒋的文告发表宣言：“假定能召开一举国一致而又确能解决当前一切实际问题的国民大会，吾人在原则上自亦赞成之，但目前事实上乃绝少办到的希望”，只有结束一党专政建立联合政府，中国始有实现民主宪政之可能，“否则借延宕以资敷衍，弄名词以布观听，则不惟当前一切困难问题无以解决，整个国家民族且有陷于分裂破碎之虞。”九天后，《新华日报》全文刊登了民盟宣言，国民党当局当即下令禁止出售当天的《新华日报》。2月12日，毛泽东给《解放日报》社社长秦邦宪（博古）写了一封信，信中说："民主同盟宣言在《新华日报》发表时，国民党出动军警搜缴没收，但由于报童勇敢，大部分都发出了，最后报纸卖到二百元一份，可见民意所在。"毛泽东指示在《解放日报》上发表民盟宣言，并要求电台广播。一时间，延安街头村落，到处回荡着民盟"立即结束一党专政，建立联合政权"的声音。

做客宝塔山　千秋“窑洞对”

1945 年 7 月 1 日，重庆薄雾缭绕。

清晨 7 时，菁园热闹异常，好友纷纷来此，为即将飞往延安的黄炎培、冷御秋送行。黄炎培带了只不大的皮包，算是行李，夫人怀抱两个女儿，随车去机场。

车抵九龙坡机场，黄炎培、冷御秋先后见到了同行的左舜生、章伯钧，四人与身着长衫的褚辅成、西装革履的傅斯年点头寒暄。怎么没见到王云五，一打听，王先生昨晚突发寒热，不能一块去延安了。在教练的指导下，五人先练习怎样使用降落伞，而后上了一架不大的军用飞机。

9 点 30 分，飞机起飞。窗外，白云朵朵；机下，嘉陵江曲曲弯弯宛如一条丝带。风景如画，黄炎培浮想联翩……

6 月 2 日，黄炎培、左舜生、章伯钧、冷御秋和褚辅成、王云五、傅斯年商定了一份致中共领导的电稿：“兹鉴于国际国内一般情势，惟有从速恢复商谈，促成团结，不惟抗战得早获胜，建国新猷亦基于此，敬掬公意，伫盼明教”，七人托王若飞转达。此时，中共召开七大，至 6 月 11 日闭幕。16 日中共中央复电：“诸公热心呼吁，促使当局醒悟，放弃一党专政，召开党派会议，商组联合政府，并立即实行最迫切的民主改革，则敝党无不乐于商谈。诸公来临延安赐教，不胜欢迎之至，何日启程，乞先电示。扫榻以待，不尽欲言。”黄炎培等七人一合计——去，还搞了个三点方案：（一）政府迅速召集政治会议；（二）国民大会问题交政治会议解决；（三）政治会议召开前，政府先自动实现若干改善政治之措施。谁知这样一个措辞温和的方案竟让国民党大员王世杰大为不满，称：如送蒋介石必大怒。众一听，心凉了，干脆散伙。可黄炎培不同意：“就是撞墙也得撞到吧？怎么连墙也没见到就断定势必撞墙了呢?!”众人一听，觉得有理，决定去见见老蒋，撞一回墙。当天下午，七人去见老蒋，听完褚辅成的陈述，蒋介石倒也没有大怒，态度平和地说：“我没什么成见，国家的事，只需对国家有益，什么都可以谈嘛”。七人悬着的心放下了……

黄炎培正想着，飞机从万山之隙轰然而下，到了，延安到了。

在机场，六人受到毛泽东、朱德、刘少奇、周恩来等多位中央领袖的欢迎。在八路军总司令部用餐小憩后六人乘车到达下榻处，陕甘宁边区政府招待所。对这个招待所，左舜生的印象是“设备虽异常简单，打扫得却十分清洁。”尤其是“厕所”让左先生过目不忘：“招待所的厕所是几个土坑，可是装得有纱门，地下洒了不少石灰，绝少有苍蝇、蚊子之类。”经过这番观察，左舜生得出一个结论：中共“志不在小”。

休息片刻，六人三三两两外出活动，黄炎培和冷御秋、褚辅成一组，漫步街头。没有限制，没人跟踪，延安城内到处是新盖的房屋，行人衣着虽有补丁，却不破烂，人人脸色红润，没看到一个面带烟容的。印象最深的还是悬挂街头的意见箱，谁都可以投，意见可以直至主席毛泽东。对毛泽东，人们大都直呼其名。这一切让他们感到既新鲜又亲切。

当晚，月光如雪，黄炎培辗转反侧，次日凌晨笔录七律一首："飞下延安城外山，万家陶穴白云间。相忘鸡犬闻声里，小试旌旗变色还。自昔边功成后乐，即今铃语诉时艰。鄜州月色巴山雨，奈此苍生空泪潸。"

那天下午，六人到杨家岭与毛泽东会谈。步入客厅，黄炎培觉得墙上一幅画眼熟，细细一看，是两年前沈叔羊为其父沈钧儒"画以娱之"的：一把上书茅台的酒壶，边上几只酒杯，画上有黄炎培题的七绝："喧传有客过茅台，酿酒池中洗脚来；是假是真我不管，天寒且饮两三杯。"词是沈钧儒让题的，写什么呢？黄炎培突然想起红军长征过遵义时，曾在茅台酒池洗脚的传说……想不到，两年以后这画挂在了杨家岭。

这次会谈时间挺长。听完六人的陈述，毛泽东一语中的：国共"双方的门没有关，但门外有一块绊脚的大石头，这块大石头就是国民大会。"

毛泽东的话让左舜生想起了年初蒋介石的元旦文告："一俟我们军事形势稳定……就及时召开国民大会，颁布宪法……归政于全国的国民。"此言一出，中共即指出：这是蒋氏搬出对付联合政府的挡箭牌。民盟亦发表宣言说："假定能召开一举国一致而又确能解决当前一切实际问题的国民大会，吾人在原则上自亦赞成之，但目前事实上乃绝少办到的希望。"这个宣言还是出自他左舜生之手呢。

晚间，中共方面设宴招待六位参政员。毛泽东兴致颇高，他用筷子在空中划了一个圈说："不要客气嘛！今天的宴会菜没好菜，酒也不够好，但都是我们延安战士自己生产出来的，自己动手，丰衣足食啊！”宴会后是欢迎晚会和文艺演出。秧歌剧《兄妹开荒》让黄炎培眼睛一亮，可左舜生不以为然，在他眼里，这种民间玩意儿一个字——俗！

3 日晚，六人与毛泽东等商议决定：(一)国民大会停止进行；(二)从速召开政治会议，至于政治会议的组织、性质、议程等等，则由中共提出。分手时已近午夜。

在延安，六位参政员和毛泽东多次交谈，最著名的就是黄炎培和毛泽东就如何跳出“其兴也浡焉”、“其亡也忽焉”周期率的支配力的那段“窑洞对”。

7 月 5 日，六位参政员返渝。

7 月 7 日，六人向蒋介石汇报延安之行，蒋心不在焉，“略有询问”。

老蒋的冷淡并未扫黄炎培的兴，他奋笔疾书，不到半月便写出了《延安之行》。

左舜生也没闲着，逢人便说他对延安的所见所闻，特别强调两点：“第一，他们军人的素质比文人来得好，依于组织的力量，军人可能接受文人的领导，绝不是假的；第二，他们的党员和公务员的生活，相当和老百姓接近，因此他们没有脱离群众”。

毛泽东也没有忘六位参政员的延安之行。四年以后，开国大典前夕，他动情地回忆起当年和黄炎培在延安的“窑洞对”。

黄炎培：“我生六十多年，耳闻的不说，所亲眼看到的，真所谓‘其兴也浡焉’、‘其亡也忽焉’。一人，一家，一团体，一地方乃至一国，不少单位都没有能跳出这周期率的支配力。大凡初时聚精会神，没有一事不用，没有一人不卖力，也许那时艰难困苦，只有从万死中觅取一生。既而环境渐渐好转了，精神也渐渐放下了。有的因为历时长久，自然地惰性发作，由少数演为多数，到风气养成，虽有大力，无法扭转，并且无法补救。也有因为区域一步步扩大了，它的扩大，有的出于自然发展；有的为功业欲所驱使，强求发展，到干部人才渐渐竭蹶、艰于应付的时候，环境到越加复杂起来了，控制力不免薄弱了。一部历史，'政怠宦成'的也有，'人亡政息'的也有，'求荣取辱'的也有。总之，没有能跳出这个周期率。中共诸君从过去到现在，我略略了解的，就是希望找出一条新路，来跳出这个周期率的支配。"

毛泽东："我们已经找到了新路，我们能跳出这周期率。这条新路，就是民主。只有让人民来监督政府，政府才不敢松懈。只有人人起来负责，才不会人亡政息。"

聚会特园　共商大策

1945 年 10 月，民盟在山城重庆召开了临时全国代表大会，建国后，这个会被追认为民盟第一次全国代表大会。

当时民盟很穷，要开这样一个会议，一需要经费，二需要会场。会场好办，就安排在鲜英的私宅，有“民主之家”美誉的特园。可钱呢？两袖清风的张澜似乎并不着急，他端坐桌前，稍加思索，一口气写了三封信，请范朴斋带信走访当时在川康颇有影响的刘文辉、邓锡侯和潘文华。

一年前，张澜便指示吸收刘文辉、邓锡侯、潘文华入盟，有人提出异议，说这三人是“万恶军阀”。张澜开导说：“他们过去是军阀，可现在已经认罪知错。只要出自真诚，他们手中还有数以万计的军队，可以为我所用，为咱们民盟效力嘛！”就这样，在张澜的介绍下，他们三人先后加入民盟。考虑到这三人的特殊关系和处境，在他们的送交入盟申请书时，张澜当着他们的面把申请书点火烧了。

有了张澜的信，范朴斋不虚此行。刘文辉、潘文华二话不说，各捐了 100 万，邓锡侯少点 50 万，加上民盟原有的积蓄，开会的钱有了。

出席这次会议的代表，除有民盟中央委员，还有四川、西康、贵州、广西、重庆以及西北地区民盟组织推选的几十个代表。民盟最早成立的地方组织云南省支部，在唐继尧的老宅唐家花园专门召开了全体盟员会议，推选李公朴、闻一多、李文宜、冯素陶、辛志超和楚图南为代表，加上民盟中央委员罗隆基、潘光旦、吴晗、曾昭抡、周新民和潘大逵，成为出席这次会议的“大户”。考虑到云南当时有“民主堡垒”的称号，是民盟活动的重镇，民盟云南省支部决定让闻一多、吴晗、楚图南留守，其余的人分两路前往重庆。

10 月 1 日，民盟临时全国代表大会在特园开幕。会场布置简洁朴实：主席台正中悬挂着一幅红底白字的横幅，上书“中国民主同盟代表大会”十个刚劲有力的大字，两边各悬一联：左联为“民主统一”，右联是“和平建国”。大会代表六十三人，实到四十八人，代表盟员三千余人。大会推举张澜、沈钧儒、章伯钧、曾琦、罗隆基、黄炎培、史良组成主席团。大会的中心议题是把中国建设成为一个什么性质的国家。对此，大会通过的《政治报告》明确表示：“把握住这个千载一时的机会，实现中国的民主”，“把中国造成一个十足道地的民主国家。”

《中国民主同盟纲领》是大会最重要的文件之一，曾经过长时间的讨论和修改。早在 1944 年 9 月的全国代表会议上，民盟就提出了《中国民主同盟纲领草案》，并将纲领草案发给各地方组织征询意见。1945 年 2 月 4 日，民盟云南省支部召集全体盟员对草案逐条商议，并送交民盟中央。4 月 25 日，黄炎培携冷御秋面晤左舜生、章伯钧，就包括民盟纲领在内的方方面面提出了不少意见。当晚，四人小酌至十时许，方踏月而去。4 月 29 日，民盟中常委对云南省支部提交的经过讨论修改的民盟纲领草案进行讨论并作补充。所以，正如罗隆基在回忆文章所说的那样“的确代表了当时整个民盟的共同意见，特别是代表了民盟领导层集体的政治思想”。

在讨论民盟的政治、组织路线时，出席会议的代表意见不一，争论激烈。尤其是青年党代表的恶劣表现，更是引起其他党派和无党派人士的强烈反感。10 月 9 日，青年党代表余家菊提议民盟的一切行动方针，都应中立，不偏不倚，站在国共两党之外。他的提议，遭到罗隆基和李公朴等人的坚决反对，主张“我们要看事实环境来决定，不能拘泥于局限之内”。左舜生则对盟内不少人提出的“国家是阶级统治的工具”的看法极为不满，说“我们抗战八年，以国家至上为号召，始能全国一心，以获抗战胜利。今天说国家是工具，我们岂不是为工具而牺牲吗?”青年党魁曾琦在大会上架子十足，大放厥词。当其他代表对青年党的言行进行批驳时，青年党代表竟然采用谩骂和推桌子的方式进行威胁。经过一番激烈的斗争，大会通过有力的措施大大削弱了青年党人在盟内的势力：在新增选的三十三位中央委员中，青年党仅占二人；左舜生虽然仍被推选为民盟中央秘书长，但明文规定秘书长不得代行主席职权。

当时，毛泽东在重庆，他对民盟十分关心，除了三抵特园，与民盟领导密切交谈，据说还在与曾琦会面时，专门提及青年党和民盟的关系，语重心长地劝诫曾琦，要和民盟搞好关系，不要依附蒋介石。周恩来也很关心民盟。民盟一大期间，周恩来约李公朴、史良、李文宜、辛志超、李相符、冯素陶到中共办事处谈话，说：“像民盟这样几党几派在一起的团体，各种意见不能完全一致是必然的，做到求同存异就行了，要团结一切可以团结的力量，坚持原则是好的，可非原则问题也可以作一点适当的让步嘛，只要对人民事业有利。随着形势的发展，将来政治上一定范围内的分化，各种政治集团也许难免。到了非分化不可的时候再分化也不一定是坏事，但现在不能闹翻了。”那天的谈话很热烈，不知不觉到了吃晚饭的时候，周恩来招呼大伙儿吃饭。大家边吃边谈，周恩来不时地把桌上的香酥鸡一块块地撕下，放到每个人的盘子里。

10 月 12 日，大会闭幕，张澜致闭幕词，他说：“我们所主张的民主统一、和平建国，是全国人民一致的要求，但是欲达彻底的民主，路途仍属遥远，我们的责任重大，应本这次大会通过的纲领，继续努力奋斗，今后开展盟务，要注意到欢迎各界民主人士参加民盟，尤其要注意吸收富有声望的社会贤达，并培养青年干部。”最后，他用恳切的语调说：“民盟中不论有党籍的盟员与无党籍的盟员之间，以及民盟与各民主党派之间，必须互信互谅，精诚团结，才能完成重大使命。”

如今，民盟一大留给后人的除去白纸黑字的文件，余下的恐怕只是几张照片，其中最珍贵的那张便是出席会议的代表和工作人员的集体合影：请注意第四排左边的第三人，那可是大名鼎鼎的左舜生呀！这位再次当选的民盟中央秘书长，竟然站在最后一排。瞧他那张脸，笑容很僵硬，像是硬挤出的，从中你或许能够感受到一丝“无可奈何花落去”的悲哀。

图书在版编目(CIP)数据

回眸岁月的痕迹/王海波著. —上海:上海三联书店,2016.

ISBN 978-7-5426-5554-7

Ⅰ.①回… Ⅱ.①王… Ⅲ.①中国民主同盟—史料 Ⅳ.①D665.2

中国版本图书馆 CIP 数据核字(2016)第 075817 号

回眸岁月的痕迹

著　　者　王海波

责任编辑　钱震华
装帧设计　陈益平

出版发行　上海三联书店
　　　　　中国上海市漕溪北路 331 号
印　　刷　上海晨熙印刷有限公司

版　　次　2016 年 8 月第 1 版
印　　次　2020 年 8 月第 2 次印刷
开　　本　640×960　1/16
字　　数　200 千字
印　　张　17.25
书　　号　ISBN 978-7-5426-5554-7/K·370
定　　价　58.00 元